ちくま文庫

夢を食いつづけた男

おやじ徹誠一代記

植木 等
構成・北畠清泰

筑摩書房

前口上

昭和五十八年夏、鎌倉の円覚寺で、おやじ植木徹誠《てつじょう》について講演する機会があった。

さて、演題をどうするか、あれこれ思案したすえ結局、「支離滅裂」とすることに決めた。

この演題は、われながら良くできていると思う。おやじの人格と人生は、思い返せば確かに「支離滅裂」なのである。

若い頃、おやじはキリスト教の洗礼を受け、神の下僕になった。ところがキリストとの関係が清算されたのかされないのか、はっきりしないまま、僧籍に入り、仏弟子となった。しかもその間、社会主義者として労働運動、部落解放運動の真っただなかに飛び込んでいったのである。真宗僧になってのち、おやじは昼間、お年寄りたちに地獄・極楽を説き、日が暮れてからは若者たちを集めて社会主義革命を説いていたそうだ。思想のうえで、まさに「支離滅裂」もいいところだと思う。

おやじはまた、日常生活においてもたぶんに「支離滅裂」だった。人間平等、部落解放、戦争反対を主張して、幾度となく検束され拷問を受けても、おやじは血を流しつつ節を曲げなかった。いつでも、どこでも、おやじは信じるところを叫んだ。その生き方は無垢な求道者そのものである。

ところが半面、おやじは決して石部金吉ではなかったし、生身の人間との接触を嫌って人無きところで名言卓説を吐く砂漠の聖者でもなかった。それどころか、プロの義太夫語りになりたいと思いつめて煩悶したり、色恋に涙したりする、いわば蕩児でさえあった。おやじは人生の楽しみを味わい尽くそうとしたと思う。

この点においても、おやじの生き方は「支離滅裂」だったというほかはない。

しかし人間とか人生とかいうものは、もともと逆説に満ち満ちているものなのだろう。一見、豪放な人間が実は非常に繊細であったり、粗野とみえた人間が心底やさしかったりする例は、身辺、枚挙にいとまがない。

おやじ、徹誠の場合にしても、一見「支離滅裂」な言動に、貧しい、弱い、生身の人間に対する共感、という強靭な一筋の糸が通っていたことを、私は近頃、しみじみ感じているのである。

この本を出版するに当たって、私は朝日新聞の北畠清泰氏、妹の真澄、その夫で歴史家の川村善二郎らと共に、おやじの足跡を追って三重県下を旅行した。その時、感じたことが二つある。

一つは、半世紀も前のことなのに、おやじと接触した人たちが、おやじの言動をまざまざと記憶し、いきいきと再現してみせてくれたことである。献身ほど人の胸を打つものはないと、私たち一行の誰もが話した。

幾歳月を経ても献身の記憶は消えがたい、ということと矛盾するようだが、もう一つ痛感したことは、おやじたちの闘争の歴史を語る記録類が、いま急速に消えつつあるということだ。たとえば、部落解放闘争の渦中で下獄したおやじたちの刑期がどれだけだったかについてさえ、はっきりした資料がないのである。私たちは多くの人たちの記憶をつづり合わせて推測をかさねるしかなかった。

老闘士たちが、次々世を去っている。健在な方々も、その記憶は、日々薄らいでいくにちがいない。もし読者が、闘争史のあれこれを証明する資料をお持ちなら、ご提供下さるよう、ここでお願いする次第だ。

父と息子、という人間関係は不思議なものだ。

父は息子に理解されたいと願い、息子は父を理解したいと望んでいる。だが、この二人が、しんみりと人の世の万般について語りあうなどということは、まず無い。たいていは「おい」とか「うん」とかしか言わないうちに父子、死に別れる。

おやじと私も、そうだった。おやじが、じっくり己が人生を私に語り聞かせたことはなかった。たぶん、どこの父親にとっても、息子は人生を共に語るには、いつも若すぎるのだろう。

このたび私は、おやじが敬愛した人たち、おやじを敬愛してくれた人たちに、幾十人となく会った。そして、そんな語らいの場に、おやじも参加し、時には共に談笑しているような幻覚に、ふと襲われることが一再ならずあった。

おやじと語りあおうとするなら、息子は、それ相応な年齢を重ねなければならない。私もようやく、その年齢に達したようだ。

最後に、この本をつくるに当たって貴重な資料を提供して下さった方々、おやじの記憶を語って下さった方々に深くお礼を申しあげたい。また、そうした資料や録音テープ、速記録をもとに、原稿を書いてくださった北畠清泰氏に感謝の気持ちを申し述べたい。

目次

前口上　3

一　少年徹之助、伊勢に育つ　12

植木家のルーツ　12　徹之助、少年時代からマイペース　14

二　モボ徹之助、大正デモクラシーの渦中に　20

徹之助、花の東京へ　20　御木本幸吉の人となり　21　寮生活を楽しむ　23　義太夫語りを目指す　26　諸思想にふれ、大いに吸収する　31　御木本工場ストライキに入る　34　工場改革始まる　36　大正デモクラシーの洗礼をうける　40　労務政策にキリスト教を使う　44　御木本家の人びと　47　徹之助結婚する　52　関東大震災にあう　56　御木本工場閉鎖する　60　再び上京し、左翼労働運動にかかわる　62　治安維持法反対デモに赤旗つくって参加する　66　社会主義思想の勉強をする　69　徹之助の病気、勉の死、そして等の誕生　70

三　真宗僧徹誠《てつじょう》、部落解放運動にとびこむ　73

西光寺で居候生活をする　73　部落差別に憤慨する　77　徹之助、検束される　79　徹之助、得度して徹誠となる　83　栗谷の山寺の和尚になる　86　栗谷での活躍の数々　92　全国水平社と連携する　93　梅沢京路の回想　95　徹誠のエピソード　103　北出南見広友之丞　106　おやじより偉い人がいた　109　栗谷の生活風景　110　役者・植木等の芽ばえ　112　徹誠、御木本幸吉と再会す　116　徹誠といさほ　121

四　徹誠、治安維持法違反で投獄される　126

三宝寺説教所に移る　126　朝熊《あさま》での北部差別に憤る　130　当意即妙の実践家　135　朝熊闘争の歴史　137　朝熊闘争、教訓を残す　143　消費組合を結成する　148　朝熊闘争再燃す　151　弾圧と闘いながら　154　同盟休校作戦　158　艶やかなエピソード　161　治安維持法違反で検挙される　166　思想犯として獄中生活をする　168　「戦争は集団殺人だ」　173　活動家群像　176　毎朝、父に差し入れ弁当を届けること　179　小学生の等が檀家回りをして　185

五　徹誠一家、戦争にのみ込まれる　191
留守家族は朝熊を追われて　191　等が四十年ぶりに朝熊を訪れた　193　宇治山田でのどん底生活　200　等は東京・本郷の真浄寺に　202　真浄寺の人びと　203　等、三年ぶりに帰郷する　212　兄徹の短く激しい生　215　徹の出征と戦死　218　等、東洋大学に入る　223　空襲。家を失う　224　援農学徒として北海道に渡る　233　戦争が終わった　237

六　等、父の夢の一部を実現する　240
「生きた人を楽しませる」芸能人に　240　独学でギターを習得する　244　「スーダラ節」は親鸞の教えに通じる　247　「ブルーリボン大衆賞」を受賞する　250　「心」派のおやじ、「形」派のおふくろ　253　「ブルジョア階級のおもちゃを作るのは不本意だ」　255　妹、真澄の結婚　258　母いさほ死す　262　徹誠の再婚　265　子どもの名に心を托して　268　おやじの思想と日常生活　270　「割り切れぬまま割り切れる浮き世かな」　274　「あの世で親鸞に合わせる顔がない」　277　「ありがとう、楽しい人生だった」　283

あとがきにかえて——北畠清泰　286　文庫のためのあとがき　294
解説——栗原康　298

夢を食いつづけた男——おやじ徹誠一代記

一　少年徹之助、伊勢に育つ

植木家のルーツ

私のおやじ、植木徹之助は明治二十八年一月二十一日、三重県度会《わたらい》郡大湊《おおみなと》町（現在の伊勢市）の「孫六屋」の次男として生まれた。「孫六屋」は、材木や塩も扱う回船業者だった。

徹之助の父は和三郎《わさぶろう》、母は、まちといった。植木家は昔、将軍家でいえば納戸役のような職をつとめていて、物資の購入などに携わっていたらしい。まちの実家は鳥羽士族の小久保といった。

植木家の先祖の一人に、あまり字の読めない男がいた。その彼が、何かの買いつけをしに大湊にやって来て、文書に暗いことからだまされ、ひどい目にあった。

某日、「たばかられしか」と、彼、キリキリ歯がみしながら橋の上を歩いていた。

ふと下を見ると、なんと、そのだました男が今しも船に乗り川面を下っていくではないか。「ここで会ったが百年目」というわけで、この御先祖、間あいをはかり、橋の欄干からヒラリと船に飛び下りた。「思い知ったか」。そういうやいなや彼は、ばらりずんと男を斬りおろした。私は、おやじから「これが先祖だ」と聞かされて、ものすごい先祖がいるもんだなと驚いたことがある。

徹之助の母まちは小久保三右衛門の娘で、まちの母は、真珠王御木本幸吉の親類筋にあたる。あとで詳しく話すことになるが、徹之助とこの御木本一家の因縁は、ずいぶん長く深いものだという気がしてならない。

徹之助の父、和三郎は、大変な律義者だった。

当時の大湊では、時計などというものは、とてつもない貴重品だった。まず学校、役場、警察あたりにしかなかった。ほかでもない、その時計のゼンマイのネジを、和三郎は預かっていたというから大変だ。時計のネジを預かるほどの男、というので世間じゃ、一目おかれていた。

だから、親たちは子どもをさとす時にいったものである。和三郎さんを見てみろ。人間、時計のネジを預かるほど信用されなきゃだめだ。ネジを預かるほどになって、初めて一人前といえるのだ、って。

律義者の子だくさん、という諺は、この和三郎のために作られたようなもので、和三郎とまちは、せっせと男五人、女六人、総勢十一人の子をつくった。

徹之助、少年時代からマイペース

長男は蘇《そ》助《すけ》で明治十八年生まれ。十一番目の五男礎《いし》之《の》輔《すけ》は明治四十二年生まれ。その年の差は二十四。これはもう親子みたいなものだ。おやじの徹之助は五番目の子で、兄一人、姉三人がいた。

なにしろ十一人兄弟だから、幼い日のおやじは、学校から帰っても一人で遊びに出かけるなどということはできない。外に出かける時には、必ず弟か妹を一人背負い、二人の手を左右に引いているという状態である。

大湊というところは、南北朝の動乱期には伊勢神宮の外港として、南朝の勢力範囲である東国との連絡地点だった。「大湊」という名前の通り、昔から交通の要路で、しかも景色が良く、泳ぐにはもってこいの場所だったらしい。それで徹之助少年、暑い日には二人を波打ち際の砂地に寝かせておき、一人はおぶったままで桟橋から海へ、ドボーンと跳び込んでいた。

近所の人が、この様子を見てぶったまげた。背中の赤ん坊はアップアップしている

母まち（前列左端）、父和三郎（後列右から５人目）、成人後の徹之助（後列右から２人目）。

し、砂地の赤ん坊は、満ちてきた潮に流されそうになっている。それでその人、徹之助の親に御注進御注進というわけだ。「あれでは赤ん坊が死ぬから、やめさせた方が良い」。

徹之助少年は、こっぴどく叱られた。叱られ、こういったという。「ぼくが水に潜っている間は赤ん坊も息をとめていて、ぼくが海面に浮かんでフーッと息をしたら、背中の赤ん坊も一緒にフーッと息をついているのかと思っていたもんで」。以後、徹之助少年は背中に赤ん坊を結わえつけて泳ぐのはやめた。そのかわり今度は、三人を砂浜の松の根元にひもでまとめて結わえつけ、相変わらず泳いでいたというから、これはもう、かなりのマイペース。

おやじは長男の蘇助とは十歳の差がある。だから、兄弟のお下がりを着るとはいっても、その着物は長女のゆう、次女のぎん、三女のていが順ぐりに手を通してきたお古ということになる。腕白ざかりの徹之助は、つらかった。いつも仕立て直した女物の着物を着せられ、学校にも通っていたからだ。赤い柄が入り、少々すりきれている着物を着せられて、徹之助は「一度でいいから、お下がりでない男物の着物を着てみたい」と、ひそかに願っていたそうだ。

おやじには、それでも牧歌的な大湊の少年時代が懐かしかったらしく、他愛もない思い出を、私に幾度となく語ってくれた。たとえば、こんな話。

路傍の馬がピクリとも動かないのを見て、徹之助は学校友達と賭けをした。「おい、あの馬、起きてるか眠ってるか、賭けよう」。で、片方は起きているといい、もう片方は眠っているという。それじゃ調べよう、ということになって、その辺の木の枝をポキンと折り、そうっと近づいて馬の鼻づらへ差し出して動かしてみた。すると馬は半眼を開け、「ヒヒーン」と鳴いた。それで、「あっ、起きてた起きてた」なんてことをいう。

徹之助たちの住まいから、ちょっと離れたところに隠居所があった。家から隠居所までの間は竹藪で、外灯もなにもない。夜は真っ暗闇。あるとき、二歳ちがいの弟で保之助《やすのすけ》というのが、その真っ暗闇のなかを隠居所まで行くように言いつけられた。よせばよいのに徹之助は、保之助の先へ、そうっと回って物陰に隠れた。保之助がやって来たところで、徹之助が「ワッ」と叫んだからたまらない。保之助、そのまま気絶した。

隠居所には徹之助たちの祖父、徹蔵が住んでいたのだが、この祖父、身の丈一・八五メートルを超す大男で、そのうえ厳格、剛毅な性格だった。保之助気絶、という一件に怒って、徹之助と保之助の二人を一本のひもで背中あわせに縛り、押し入れに放り込んだ。懲罰の理由は、二通りある。一つ。保之助は「ワッ」といわれただけで気絶した。このような臆病者は男のうちに入らん。二つ。徹之助は、先に回っておどかした。その卑怯な振るまいは年長者のなすべきことではない。

懲罰の理由はともかく、徹之助にしてみれば、保之助が耳のそばで泣くものだから、うるさくって仕方がなかったそうだ。

この保之助という人は、ずいぶん徹蔵にかわいがられ、保之助も徹蔵を慕っていたらしい。

昔から、寝言をいっている人に話しかけては、眠っている人が疲れるといういさめがあるのに、保之助は、じいさんの寝言にいちいち付き合って、とうとう東海道五十三次を全部、旅させてしまったということだ。

「いい景色だなあ。ここはどこだ」と徹蔵がいう。「はい、三保の松原ですよ」と、保之助が答える。

その翌日、また徹蔵が「いい景色だなあ」といい、保之助は「はい、ここは」と答えて、で、五十三次。

小学校の学芸会では、いつも徹之助、保之助が人気をさらった。学芸会が始まるよ、って話が伝わると、近所の人たちが、それっとばかり集まってくる。皆、徹之助と保之助の芸がお目当てだ。いわばファンというわけである。会場に着いたとき、二人の出番が終わっていると、近所の人々は「もう孫六屋は終わっちゃったか」と、がっかりした顔で帰ったそうだから、この兄弟、相当な芸達者だった。

「孫六屋」とはいっても、それは回船問屋の屋号であって、歌舞伎の「成田屋」とか「音羽屋」とかとは、わけが違う。しかし、歌舞伎座の檜舞台ならぬ尋常小学校の講堂で、二人の兄弟は「孫六屋！」などと客席から声をかけられ、悦にいっていたかもしれない。

フランスの文豪で、バルザックという人は、小説の登場人物を説明するときには二、三代前から書き起こしたそうだが、代々、気質みたいなものが継承されていくことを思えば、これは、しごくもっともなことだ。こうして、私のいわばルーツを話していると、自分はおやじの性格の一端を受けつぎ、おやじはおやじで、そのまた先祖の性格を継いでいるのだなあ、ってことが分かる。早い話、徹之助、保之助の兄弟が舞台に立って大向こうをうならせていたということは、私の芸能生活入りと無縁ではないだろう。先祖の直情径行ぶりにしても、おやじの性格に、どこかでつながっているように思われる。

二　モボ徹之助、大正デモクラシーの渦中に

徹之助、花の東京へ

明治四十二年の春、徹之助は大湊小学校（高等科）を卒業し、東京の御木本《みきもと》真珠店付属工場（のちの御木本貴金属工場）で働くことになった。その工場は、麴町区内幸町一丁目三番地に一年前、できたばかりだ。徹之助は、花のお江戸の、しかも郷里の偉人御木本幸吉が創設した工場に入ることになって張り切った。

そりゃそうだろう。色あせた花柄の着物かなんかを着せられて、うっすら目を閉じている馬が眠っているかどうか、友達と賭けていた十三歳の少年が、勇躍、生き馬の目を抜く大都会に行くことになったのだ。東京に出れば、着るものも伊達男らしく一変するだろう。時の流れも、田舎のように、のんべんだらりとはしていず、もっと、てきぱきしているはずだ。第一、馬の顔つきだって、田舎の馬とは大違いで、キリッ

と締まっているに違いない。おやじは、そんな風に考えたかもしれない。

御木本幸吉の人となり

この御木本幸吉という人は、ひとの意表をつくのが好きだった。私も子どもの時、一度だけ幸吉翁に会い、へえーっと感心して、未だに忘れられないことがある。伊勢の朝熊《あさま》ヶ岳の頂上に金剛證寺《こんごうしょうじ》という寺がある。幸吉翁は六十歳になってから、夏は、この山の上の別荘で過ごすことにしていた。

徹之助14歳。御木本入社の年。

私が十代のときだ。ケーブルカーに乗って金剛證寺へ行く途中、幸吉翁に会った。どういうきっかけでそんな話になったのか忘れたが、幸吉翁は私に「わしは顔を洗っても、一度も手拭いでふいたことがない」といった。「顔をふかないで、どうするんです」とたずねたら、幸吉翁は「乾くまで手でこする」といった。こういわれた時は、びっくりした。幸吉翁は当時七十代のはずだが、肌がつやつやしていて元気そうだったから、なるほど、だから血色がよいのかと、子ども心に敬服した。

幸吉翁は、子どもだけではなく、顕官《けんかん》や紳士たちの度胆を抜くことも楽しみにしていたようだ。いや、こちらの方が本領だったかもしれない。

大久保利通の子、牧野伸顕が鳥羽の御木本邸を訪れた日のことだ。幸吉翁は、「愛蔵している光琳のびょうぶがありますが、ご覧になりませんか」といった。伸顕が「拝見しましょう」というと、幸吉翁はツト立って部屋の障子を開け放ち、眼下に広がる鳥羽湾の島々を示した。「私のびょうぶは、あの島々一帯の景色です。光琳の描いた松より美しい枝ぶりの松もあります」。

私にしても、たぶん伸顕にしても、幸吉翁の言動には、ほとほと驚いたわけだけれど、その翁の言動の底には、郷里の風景の美しさに対する信仰というか憧憬というか、非常に純粋なものがあるように思う。風景だけでなく、その風景を見ながら育った後進にも、やはり胸中、親愛の情をたたえていたように思われるのだ。

そんな幸吉の思いもあって、御木本では三重県下の小学校の校長に、かねてから「資質の良い子を寄越してほしい」と依頼していたようだ。

そして、その子らを指輪、装身具を作る職人に養成していた。

徹之助は、もともと利発だったし、そのうえ母方は御木本の親戚筋に当たるしで、ごく自然に衆議一決、上京ということになったのだろう。

寮生活を楽しむ

付属工場は、江木写真館のスタジオを改造したものだった。木造二階建て。天井が高く、玄関は南向きで明るい。すぐ近くには鉄棒、ブランコ、花壇があった。

工場と並ぶように寮があった。やはり木造二階建て。一階は食堂、二階には寮生の部屋が並んでいる。二階の各部屋は六畳で、一部屋に四人ずつ入っていた。世帯持ち以外、たいていは寮生活を送っていたという。寮生は当初二十五人だったが、数年後には六十五人になっていたというから、相当な急伸長だ。

朝六時、舎監が鈴を振りながら各部屋の障子を開けて、皆を起こして回った。この舎監は、工場長に任命された先輩格である。寮生たちは全般に優等生だし、明治特有の進取の気風も寮内に充満してはいたが、やはり先輩後輩の序列は厳格で、リンリンと鈴が鳴れば、いくら眠くても一同、跳び起きることになる。

起床の次は掃除。それから階下に降り、食堂で一斉に朝食をとる。食堂は、椅子、

御木本の野球チーム。後列右から３人目が徹之助。

テーブルの洋式だった。

朝食後は仕事だ。新米には先輩が手ほどきをする。徹之助と一緒に当時、工場で働いていた上村祐造、佐藤保造にきくと、この先輩後輩の関係は、いわゆる徒弟制度ではないようだ。むしろ最近、あちこちの会社が採用しているような、先輩格が新人の育成に当たるビッグ・ブラザーシステムとかいう制度に似ていたようである。

新米の仕事の一つは、金や白金を使って指輪を作ることだ。15金の金塊を機械で平らに延ばすことが、いわば仕事の基礎だった。

十時間の仕事が終わると、食堂に行く。四人で一つのおひつを囲む。仕出し屋の箱弁当よりは粗末だったが、分量は大目だった。

こうして一か月働いて、賃金は六十銭だった。

三十銭ずつ、二回に分けて支払われる。当時、銭湯の入浴料が一回二銭、院線の運賃が新橋—烏森《からすもり》間で二銭だったというから、この賃金では決して多いとはいえない。しかし、寮に風呂場はあるし、食事の心配はいらないしで、この賃金をうまく使い、おやじたちは相当、良く学び良く遊んだようだ。

ずいぶん後のことなのだが、私の子どもたちは、おやじに、よく話をせがんだ。おやじは、孫たちを並べて「おじいちゃんがな、御木本の寮から工場へ出勤するときなんてのはな、女たちがワァーッと並んで、交通整理のお巡りまで出たぐらい、もてたもんだ」なんてことを言っていた。初めのうちは、孫たちもびっくりしていたが、二度三度、同じ話が出るようになると、孫たちの方が先回りして「おじいちゃん、お巡りさんが出るんでしょ」などというようになる。それで、この話も、あまりしなくなった。

まあ、交通整理は嘘にしても、おやじがご婦人にもてたことは間違いない。工場内の制服はカーキ色の洋服。外出の時は和服に袴の書生風。地味なものだ。しかし時折、銀縁の眼鏡に背広を着て銀座あたりを歩くと、これはもうロンドン留学を終えて帰国した貴公子という風情だった。小柄なところが山椒さながら、ピリリとした鋭敏の風を漂わせている。声がまた澄んでいて、しかも渋い。そんなわけで、おやじは十六、七歳から遊びに熱中するようになった。

義太夫語りを目指す

おやじが熱中した娯楽は、いろいろだった。芝の琴平《ことひら》神社の奉納相撲や町内の花相撲に飛び入りして、小兵ながら達者な技を見せ、賞品をとってきたことがある。手拭いの先端に石鹸箱を結わえつけて、ぶるんぶるん振り回しながら、近所の若い衆と喧嘩することに興味をもったこともある。なかでも、身も心も傾けたのが義太夫だった。

おやじが三味線を弾き、連日、語っている。語るのはいいのだけれど、工場内で仕事をさぼって、太棹の三味線を抱え、そりゃ聞こえませぬ、などとやっている。ある時、寮の窓から工場の方を見ていた御木本の身内の女性が、仕事をさぼって三味線を弾いている徹之助の姿を見つけ、幸吉に言いつけたことがあった。この時、幸吉がどんな風におやじを叱ったか、あるいは叱らなかったか、おやじが生きているうちに聞いておけば良かったな、と残念だ。

もともと声がいいうえに熱心なものだから、徹之助の喉というか腕というかに、みるみる磨きがかかり、とうとう植木東響という芸名を名乗ることになった。伊勢の植木の名が東京で鳴り響く、といったつもりで、たぶん自分でつけた芸名だったのだろう。

二十四歳のとき、今風でいえば素人のど自慢大会とでもいうような義太夫のコンクールがあった。東京市内十五区から各区一人ずつの計十五人が歌舞伎座で決勝戦をやり、最後は優勝者一人を選ぶという、義太夫ファンにはこたえられない催しだ。

おやじは芝区から出ることになり、区内の予選、準決勝、決勝と勝ち残って、ただ一人、芝区の代表になった。歌舞伎座の決勝大会でも勝ち抜いて、ついに決勝戦に残ったのは東響と、築地のお師匠さんの息子だ。審査員は無論、全員プロばかりで、お師匠さんの息子を一位にするか、東響を一位にするか、ずいぶんもめたらしい。結局、築地の息子が一位、東響は二位ということになったのだが、聴衆の間では、東響こと徹之助の人気が、むしろ高かったそうだ。

この成果に味をしめたのかどうか、おやじは、琴平亭《ことひらてい》など、あちこちで義太夫を語った。あるとき、当時の桜田本郷町にあった映画館でアルバイトをすることになった。その映画館にかかっていた無声映画は「沓掛時次郎《くつかけときじろう》」で、弁士は徳川夢声。

今しも銀幕には一本の街道が映っている。旅烏、時次郎が背中を向けて、その一本道を歩いて行く。足の向くまま気の向くままの一人旅である。街道が二股に分かれているところに来て、時次郎がふと立ちどまった。ちょっと思案した時次郎、三度笠を

徹之助（左端）と長兄蘇助。

脱ぎ、ポーンと空高く放り投げた。表なら右、裏なら左。どうせ当てのない旅だ、と空に舞う三度笠を見あげて、時次郎が立っている。

　このシーン、夢声が名調子で弁じ、弁じ終わったところで東響が追分を歌った。東響は毎晩、仕事が終わったあと、人目を忍んで寮を抜け出し、趣味と実益を兼ねて、このアルバイトに打ち込んでいた。

　好事魔多し。某夜、せっかくのひそかな趣味、実益がぶち壊しになった。御木本の関係者が、たまたま「沓掛時次郎」を見に来ていて、追分を聞いたとき、つぶやいたのである。「おや、この声は、どこかで聞いたが、はて……」。結局、「ああ、あれは植木だ」ということになって、事は露見し、おやじは翌日、工場長に呼び出された。「おまえ、いったい何をやってんだ。仕事は、やる気でやってんのか」。それで、未練はあったが、夢声とのその後の共演は断念した。

そうこうしているうちに、竹本豊助という女義太夫語りと、東響はいい仲になってしまった。豊助は東響よりは、いくらか年上だったらしい。いわゆる小股の切れあがった、なかなかの女だったようで、ついには二人して箱根の温泉街で宿まわりするまでになった。御木本の仕事がありながら、どうしてそんな時間があったのかについては、とんと分からないのだが、なぜそんなことをしたか、その心情だけは手に取るように分かる。芸事にうつつを抜かし勘当になった大店《おおだな》の倅が、零落して好いた女と門づけをしている、という思い入れで、東響こと徹之助は義太夫に耽溺したのだ。

おやじの弟、四男の顕之助《けんのすけ》は明治三十七年生まれで、今も健在である。この顕之助の話によると、徹之助は一時、プロの義太夫語りになりたいと思いつめたらしい。ある日休暇をとって帰省し、父、和三郎の前に手をついて「どうか義太夫語りにならせて下さい」と許しを求めた。ところが、律義者の和三郎は言下にいった。

「ずっと御木本に勤めながら義太夫を片手間に語るというならともかく、義太夫を語って、それを生業《なりわい》にしようなどとはもってのほかだ。そんなことを考えるのなら、以後いっさい、植木の姓を名乗ることは許さん」

この和三郎の拒絶にくわえて、母親のまちまでが「もしそんなことになるなら、あたしゃ、親戚に顔向けができない」と、よよと泣きくずれた。

こうなると、マイペースのおやじも、もはや手も足も出ない。おやじは、布団をかぶって、おいおいと泣いた。母親もおいおい泣いた。あっちでおいおい、こっちでおいおい。その様子を顕之助たち兄弟が見て、あわれとも思い、いささか滑稽とも思った。

いまの私には、泣いたおやじの気持ちが分かる。私は元来、僧侶になるつもりだった。ところが、ひょんなことで芸能界に入った。入る前、おやじに「ぼく、芸能人になる」といったら、おやじは「馬鹿野郎。なまいきいうな」と、いった。今にして思えば、あのおやじの言葉の意味は、こういうことだったのだ。

「プロの世界がいかに厳しいか、ということを、おまえは知らんのだ。生半可なことでは、プロの世界で生きていけない。俺でさえ、いいか、この植木東響でさえ、プロの道を歩くことは断念せざるをえなかったのだぞ。それをなんだ。おまえがプロになるとは。よくいえたものだ」

こんな意味だったからこそ、私が芸能界でやっていけるようになった時、おやじは、よくやったという気持ちとともに、なにがしかの羨望の思いを抱いたのではないだろうか。

諸思想にふれ、大いに吸収する

おやじは十六、七歳から二十歳代の半ばごろまで、義太夫に熱中していたが、だからといって、ただ遊興だけが、おやじの関心事ではなかった。遊興の楽しみとともに、工場と寮の内外で渦を巻いていた各種各様の思想にも触れたのである。明治から大正にかけてのおやじの言行を追ってみると、時代も人間も若かったなあ、という思いにとらわれる。

寮には、寮友会があった。会費は月額二銭だ。この会費で図書室に備えつける雑誌を買ったり、「寮友」という名の機関紙を出したりしていたらしい。図書室の本や、おたがいに貸しあう本で、寮生たちは無政府主義者の大杉栄、キリスト教社会主義者の安部磯雄、ロシア無政府主義者のクロポトキンからはじまって仏教、キリスト教、多種多様の思想とつきあった。なんとか主義、なんとか教について講釈できないようでは、思春期の頭脳明晰な少年たちの間で遊んでもらえなかった、という雰囲気だったのだろう。

時折は、寮生が演説して、たがいに講評することもあった。ある時、上村祐造が「植木さんの生活態度は、だらしなさすぎる」と一席、弁じたことがあった。上村は当時、老荘思想にひかれ、「禅坊主」というニックネームをつけられていた。俗塵を嫌う性格からすれば、義太夫三昧のおやじの生活ぶりが耐えられなかったのだろう。おやじより五、六年遅れて入寮した上村が、寮生のなかでは、すでに兄貴格になっていた植木徹之助の批判をしたのである。ちょっとした覚悟が「禅坊主」の腹中にあったにちがいない。

寮の外でも、思想が混沌としていた。たとえば、日比谷に「道の会」の道場があって、そこでは講談や演説を無料で聴くことができた。神田橋の講堂では、日本主義とか儒教とかの演説があった。おやじは、後輩を誘って、そうしたさまざまな演説会に出かけていった。

この頃、おやじは幸吉の実弟、斎藤信吉を知った。信吉は生後一年で斎藤家の養嗣子となった人である。おやじが工場に入ったとき、信吉は工場監督で、三十歳だった。御木本の工場経営にも、おやじらの精神生活にも大きな影響を与えた人物である。

この信吉、欧米旅行をして、あちらの工場労働者が紳士的だということに、えらく感じいっていた。それにひきかえ、わが国の職人ときたら、宵越しの金は持たぬと、まるで経済観念がない。飲む打つ買うの生活を送って自ら怪しむところがない。これではいかん、というわけだ。そこで、信吉は御木本真珠店出入りの大工、左官、ブリキ職、炭屋らを集めて「発展会」を作り、自分が会長の役を引き受けた。わが日本職人の人格を陶冶《とうや》しようというわけだが、てやんでえべらぼうめ、で生きてきた職人にしてみれば、これは驚きだっただろう。

開明的な人物というのは、どこかに滑稽の風を漂わせているものだ。この信吉にしても、一時期、その行動にいささか珍妙なところがあった。たとえば、赤穂四十七士の武士道精神に感動して、山鹿《やまが》流の陣太鼓を買ってくる。そればかりか、それを自宅玄関にかけ、家を出るたび、女中さんに命じて一打ち二打ち三流れの山鹿流で打たせるのだ。男子ひとたび外に出れば七人の敵がいる、などというから、信吉にしてみれば出勤を出陣に見立てて意気さかんなところを示したわけだろうが、これには世間もびっくりした。

信吉は、イギリス紳士の生活態度を賞讃した。とうとう和魂洋才というか和洋折衷というか、洋服の礼装と武士の礼装である麻裃をともに身につけ、おまけにシルクハットをかぶって、葉巻をくわえ、小柄な体をそっくり返らせて肖像写真を撮らせた。この姿が理想であると、信吉は考えたわけである。

大正二年、信吉は御木本真珠店の役職を退き、単身、沖縄の八重山へ去った。家庭生活が破綻したので傷心をいやそうとしたからである。幸吉の三女が、その時、餞別として一冊の聖書を信吉に贈った。この聖書が、のちに信吉の精神と生涯を劇的に一変させた。

御木本工場ストライキに入る

さて、信吉が去って五年あまりたった大正八年二月、紀元節の祝日に工場で重大事件が起こった。全従業員がストライキに入ったのである。

明治四十三年から、この御木本の工場長は、評論家の故小林秀雄の父、小林豊造だった。東京高工（後の東工大）の教授で工芸界の権威だった小林を、上昇気流に乗っていた御木本が迎えたのだった。小林は労働者の地位向上、人格尊重が良い仕事の前提という考え方で、職工、職人という呼び方をやめ、「工員」と呼ぶことにした。小僧は「徒弟」となり、なになにドン、だれそれ公は、なんとか「君」に昇格した。当然、小林は従業員の尊敬を集めた。

ところが大正七年、この小林が工場長を退職し、次長だった黒田秀太郎が工場長に就任して、工場内の雰囲気は一変した。新しい工場長は能率一辺倒の事務家肌だったらしく、若い従業員たちの気持ちをつかむことができなかった。誰かが工場長の悪口をいったというようなささいなことから従業員の一人を解雇し、それが導火線になってついに皆の不満が爆発した。

こうした爆発は当時、小さな御木本の工場内だけで起こっていたわけではなかった。第一次世界大戦は成り金景気をあおって、貴金属や宝石を扱う業界をもうけさせたが、その景気は一転、恐慌をもたらしもした。都会では、それ破産だ、それ失業だと、皆が生活苦におびやかされていた。農村でも不況の到来で、せっぱつまっていた。その一方では、ロシア革命の成功が労働者を鼓舞し、さらに東京帝国大学の吉野作造が「民本主義」を提唱して思想界を刺激していた。米騒動が起こり、労働運動が活発になるのは、当然のなりゆきといえた。

こんな背景があって、工場のストライキは完全な団結のもとに行われた。工員側は数人の交渉委員を前面に押し出して、待遇改善、経営刷新、工場長排斥を要求し、譲らない。幸吉も出てきて、自ら交渉委員を説得したが、打開のきざしは見えない。結局、全員解雇もやむをえんだろう、となる瀬戸際になって登場したのが、工場を去って久しかった、あの山鹿流の斎藤信吉だ。

信吉の役柄は仲裁とはいえ、工員側にとっては油断のならない相手である。「おのおのがた、油断めさるな」という感じで、舞台は労使交渉の場となる。

男子三日見ざれば刮目《かつもく》して待つべし、などというけれど、信吉の変貌ぶりは、工員たちの目を疑わせた。以前には、小柄な体を精いっぱい、そっくり返らせて葉巻をくわえていた人物が、今は平身低頭である。交渉委員の発言をしごく真剣に聞いている。交渉たけなわの頃、交渉委員の一人が「これからの工場経営はデモクラシーでなければ駄目だ」と叫んだら、意外や意外、信吉も「そうだ。デモクラシーだ」と、一緒になって叫んだ。「大正デモクラシー」という思想の奔流が、こうした場面にも及んでいたわけだ。

工場改革始まる

このストライキの結果、黒田工場長は退職し、新工場長には今や別人のようになった斎藤信吉が就任した。工場側は工員の不満が再燃することを恐れて、工場長の諮問機関として委員会を設けた。労使双方から合わせて数人の委員が出てきて、膝つきあわせながら、いろいろ相談しようというわけである。工場長独裁にならないよう、労使協調の実をあげるよう、というもくろみである。

工員側の委員の任期は一年だった。短期で交代して、なるべく多くの工員がこの任務を経験しようという考えだ。

当時、おやじは二十四、五歳だった。上村祐造とともに、第二期の委員に選ばれ、何度か工場側との折衝に当たった。ある日、委員会が開かれ、工員側からおやじと上村、工場側からは図案家と会計係が向かいあった。議題が何だったたか、何がきっかけだったか、分からない。ただ、今になっても上村は、おやじが突然、激昂して立ちあがり、椅子を振りあげたことを記憶している。そのとき会計係が一喝し、おやじは、ひとたびは振りあげた椅子を静かにおろしたという。気性の激しいおやじにしては、よく我を取り戻した、と感心したいところだけれど、実は、この会計係は植木家の親戚筋に当たる人だったのである。この場合、人間関係は「労使」ではなく、「血縁」だったわけだ。

信吉は、工場改革の手を矢つぎばやに打った。大正八年の春には「工場心得」を発表した。

第一条　悪習慣を廃して善き習慣を作るべし。
第二条　言論よりも実行を重んずべし。
第三条　責任、義務の観念を重んずべし。
第四条　人間は平等にして高下なし、職務に貴賤上下の別なし。
第五条　個人の価値を自覚し、互に人格を尊重すべし。

こうした「心得」が十二個条、並んでいる。「人間平等」とか「人格尊重」とかを心得よ、といわれても、はいはい心得ておりますといっておけば、なんとかしのいでいけるだろうけれど、この十二個条のなかに、ちょっとやそっとでは守れない一条があった。

第十一条　禁酒禁煙を実行すべし。

これである。信吉は自分の体験から酒と煙草の害を説き、「待遇改善を望むなら、工場の能率増進を図らなければならない。能率増進を図るには禁酒禁煙を実行しなければならない」と主張した。春四月、このまことに実行の難しいことを実行するために、信吉は「幸生会」という機関を発足させ、自身、会長のポストについた。

禁酒禁煙は強制ではない、あくまでも自発的な覚醒をまつ、といっても、他の連中が聖人君子みたいな顔をしている中で、スパスパと煙草を喫い、グイグイと盃をあおるわけにもいかない。なんとなく居づらくなったり、ばかばかしくなったりして工場を去る者が出た。いったん出るには出たが、また復帰する者もいた。

おやじが当時、煙草を喫っていたかどうかは分からないが、かりにヘビースモーカーで、信吉にいわれて禁煙することになったとしても、大して苦労もせずに禁煙を実行したのではないかと思う。おやじには、禁煙なんか大した問題ではなかったはずだ。

失意の時期、姪から貰った一冊の聖書を読んで熱烈なクリスチャンになった信吉は、理想の実現に向かって、その後も真一文字である。日曜日ごとの午前十時から一時間、信吉は従業員一同に自ら講演した。そのころの休日は毎月一日と十五日で、二十五日は半休というのが慣習だったから、作業時間を削っての講演は、当時としては画期的な出来事だった。

この日曜講演は、その後も発展して、ついに「東京労働教会」が発足することになった。牧野虎次、吉野作造、北沢新次郎、山室軍平、本間俊平らが、日曜講演に招かれた。

大正12年2月の工場改革記念日に日比谷公園で、御木本の同僚と。前列中央が徹之助。

東京労働教会綱領にこうある。

一、父なる神を信じ、行為の標準を基督に則るべし。
一、労働神聖の旨に従い、社会と同胞に奉仕すべし。

このような六項目からなる綱領で工場内をまとめるのは、なかなか容易ではなかった。

工場創立以来の功労者のなかには仏教徒がいる。若い唯物論者もいる。しかしともあれ、半ば強制的といっていいほどの強引さで、信吉らは工場内にクリスチャンを増やしていった。

翌大正九年、毎日曜日を全休にした。寮の一階にある食堂の柱を取り払ってスペースを広くし、講堂にして集会に使うことになった。「労働教会」の機関紙「火の人」が創刊された。

徹之助は、この頃、三十数人の仲間とともに受洗したようだ。世帯を持ってから、妻子に一度だって「ぼくはキリスト教の洗礼を受けた」などといったことがないので、私はおやじの受洗を知らなかったのだが、おやじにとっては御木本の同僚であり、妹婿でもある佐藤保造や、「禅坊主」の上村祐造が、徹之助とともに洗礼を受けた、というのだから間違いない。いっときは神の下僕となりながら、それをそのままにしておいて、のちに仏に仕える身となるとは、一体どうなっているのだろうと疑問もあるが、たぶん、おやじの気持ちのなかでは、神や仏との話し合いが円満についていたのだろうと思う。

大正デモクラシーの洗礼をうける

この「労働教会」の講師のなかで、特におやじに強い影響を与えたのは、沖縄出身の比嘉賀秀《ひがかしゆう》（静観）だったと思われる。比嘉は、信吉が沖縄にいた頃、知り合ったクリスチャンだ。信吉に招かれて、この情熱的な信仰者は内幸町の寮に半年ほどの間、寝泊まりしていたのである。

おやじたちが、比嘉と散歩に出ることがあった。内幸町から皇居の堀端の方へと歩いて行く。建物はまばらで、夜は暗い。カラスが鳴くこともある。「おい、もそっとこっちへ寄れよ」。気の小さい寮生が、思わずそういうほどのさびしい道である。

比嘉が立ち止まり、皇居の方を見て、こういったそうだ。

「天皇がこんなに広いところにいるうちは、日本の国民は幸せになれない」

それから、こうもいったそうだ。

「君たちは、あの世の幸せじゃなくて、今の世の幸せをつかまなきゃ駄目だ」

こんな毎日を過ごしているうちに、寮生たちの社会を見る目が批判的になっていったのだろう。そのうちの何人かは、キリスト教が、いわば微温的に思えてきて、社会主義に接近していったようだ。

大正十年九月、大日本労働総同盟友愛会の鈴木文治らが日本労働学校を開設した。比嘉賀秀の影響を受けて、社会問題に対する関心と求道的な気持ちをかき立てられたおやじら数人が、この労働学校に通うことになる。

ある日、おやじが労働学校から意気揚々と帰ってきた。「えらく、ごきげんだな」と寮の仲間にいわれて、おやじはいったそうだ。「ぼく、成績が良いって、表彰されたよ」。そうこうしているうちに、今度は警察から「ちょっと来てくれ」と呼び出しがかかった。おやじは「また何かほめられるのかな」と、いそいそ出かけたら、今度は「おまえはなぜ、あんな学校へ行ったか」と、さんざん油をしぼられた。

ともあれ、おやじはこの学校の第一回卒業生である。

この頃、工場に「○○《マルマル》研究会」という名のグループができた。正式に研究会の名前をつけると、経営者側からクレームがつくかもしれないというので、わざと「○○」ということにしていたのだ。この研究会には、総同盟主事であった木村盛《さかり》も講演に来た。

おやじたちは、貪欲な知識欲をもっていたらしい。この他にも、大山郁夫ら早稲田大学系の人たちが作った「建設者同盟」の研究会に参加し、さらに若手の無政府主義者たちが作っていた「バガボンド社」にも顔を出していた。「バガボンド社」では、伊藤野枝や、彼女との恋愛で有名なダダイストの辻潤、俳優大泉滉の父、大泉黒石にも会った。伊藤は、すでにこの頃、辻と別れて大杉栄と一緒になっていたが、たまたま辻と同席することがあっても、さすが平然としていたそうだ。服装は地味だが、身体の内部から利発さがにじみ出るような女性だったという。

　こうした錚々《そうそう》たる人たちの間で、ひときわおやじや佐藤保造たちに強い印象を与えたのは、大杉栄だった。大杉は、茶系統の背広に派手な柄のネクタイを締めていた。平素は口ごもる癖があったが、話が興に乗ると能弁になった。講演よりは、むしろ座談の名手だったそうで、ヨーロッパの労働運動の状態、小さい船で日本を脱出した時の話、地方分権でなければ自由は保障されないということなどを説き来り説き去って、おやじたちを魅了した。大山郁夫が学者タイプで謹厳だったのに比べ、大杉には人間的魅力が横溢していたそうだ。

　おやじは、受洗し、さらに関心を労働運動に向けつつあった時期、一見、奇矯な行動をみせた。さるまた一つの姿で、裸体の背中に大きく数字を墨書して、日比谷公園で、今でいうジョギングをするのである。その頃、おやじはすでに、義太夫から遠ざかっていた。

　御木本の工場が思想の坩堝《るつぼ》となり、その坩堝の中から、生涯の拠り所となる思想、信仰を担った青年たちが次々と育っていった。おそらく全体の四分の一か五分の一が左翼思想をもち、残りはキリスト教徒だったと、当時を知る人はいう。おやじはたぶん、そのなかでも最も左の方に位置していただろう。そして、仲間の中で、最も苦難に満ちた後半生を生きた一人ではないだろうか。

労務政策にキリスト教を使う

こうして青春時代のおやじの精神史をたどっていると、あの求道的な工場の雰囲気も、実は労務政策の必要性から作為的にかもしだされたものではないかと、ふと思ってしまう。いや、信吉は、まぎれもなく純情で献身的だった。しかし、その信吉の熱情を利用しようとした海千山千がいたのではないか。信吉もまた、自分の理想を実現させるために、キリスト教の労務政策的な効用を内外でほのめかしていたようだ。

たとえば、信吉が工場長就任後、店主に提出した「工場経営意見書」に、こうある。

「工場は個性を有する人間の集合体なれば、之れを円滑に経営せむとするには、精神的誘導を以て最良な方法とす。

旧来の我国に於ける所謂『職人気質』なるものに基く悪習慣は、時世と倶に改良せざるべからず。（略）

近来、世上に喧しき時代思想に共鳴する職工の多きを聞く。これ実に軽々看過すべからざる所、此際是非とも健全なる宗教的信念の鼓吹を急務なりとす。

職工各自が自覚して責任義務の観念を重んずる時、作業上に於ける能率の増加するは、先進文明諸国の例に徴して明なり。故に工場は職工生活の安定を図り、慰安の方法を講ずれば、生産上能率の増進は疑ふべきに非ず。

また近時の問題となれる労働問題の如きも、畢竟するに人と人との活問題なれば、根本の調和、融合は各自の自発的覚醒を措いて他なし。

百哩の快速力を有する自動車も、車輪に油を注がざれば円滑に廻らぬ如く、人と人との問題も、宗教なる霊的メシン・オイルを注入せざれば、円満なる解決を見ること能はざるべし。工場内の円満も労働問題に於ける資本家対労働者の問題も、活ける宗教を他にしての融和を見ること能はざるなり。（略）」

（三吉明著『キリストによる労働者』）


信吉がこの「意見書」を書いてから二年後の大正十年七月、床次竹二郎《とこなみたけじろう》内務大臣が社会局長、秘書官を伴って、工場を視察した。

すでに百人の工員を抱えるほどまでに大きくなった御木本の工場が、キリスト教主義によって経営され、労使間の紛糾をうまく回避しているというので、その点を見に来たのだろう。

翌十一年には、内務省社会局が「新しき工場経営法・革新せる御木本貴金属工場」

と題する五〇ページのパンフレットを作って、全国の工場などに配布した。御木本はうまくやっているから諸君も見習え、ということだと思う。

幸吉はといえば、子どもの頃から信仰心が厚かったようだが、一宗一派にこだわらないたちだったらしい。平均的日本人が元旦に宮参りをし、お寺さんで先祖の供養をし、クリスマスには讃美歌を歌うように、幸吉も東西の神仏と気やすくよしみを通じていたようだ。

「重要な決意をした時などは、必ず神宮に参つて申し上げるのである。がこれと同時にまた仏教の帰依者でもある。若い頃から勝峯大徹につき、ついで森田悟由に参禅し、また日置黙仙とは生がい不変の親友であつた。しかし、これとても禅宗に限つたわけでなく、知恩院の岩井智海などとも親交がある。しからばクリスト教はきらいかといふと、決してそうでない。かつて聖路加病院に入院してゐた時の如きも、毎日の祈とうの集りに一度も欠席したことが無かつたのである。もつとも二宮翁夜話や鳩翁道話が、その愛読書であるところから見ても、必ずしも宗教に凝り固まるものでもないことが判る。（略）」（乙竹岩造著『御木本幸吉』）

察するに、幸吉は何を礼拝するかよりも、何かに礼拝する気持ちを大事にしていたのだろう。キリスト教を白眼視していたわけでもないし、それに傾倒していたわけでもないと思われる。従って、実弟の斎藤信吉がキリスト主義によって工場経営を始めたときにも、それが役に立つなら、という思惑があったのではないだろうか。幸吉の、まことにしたたかな風貌を思えば、そうとしか考えられないのだ。

御木本家の人びと

御木本一族には、ひたむきな人が多いのではないかという気がする。幸吉は、いうまでもなく、ひたむきの本家みたいな人だ。その実弟、信吉もまた、ひたむきだった。そして幸吉の長男、隆三となると、これはもう悲劇的といっていいほどの、ひたむきな人物だった。

昭和三十四年ごろ、私はフジテレビの「おとなの漫画」という番組に出ていた。目黒の自宅からフジテレビに向かう途中、ちょうど神宮外苑を経て青山通りにぶつかるところで信号が赤になって、私の車が停まった。すると、隣に並んだ車の中から「植木さん、植木さん」と呼ぶ声がする。はて、と声の主を見たら、見たことのあるようなないような年輩の人が、こちらに向かって挨拶している。はて、どなただったか、と考えていると、その人が「隆三です。御木本隆三です」といった。「あっ、隆三さんですか。父からは、たびたびお話をうかがっています」。懐かしいような気持ちになって、私は大声をあげた。

おやじは若い頃、隆三と一緒にテニスをやったこともあった。御木本の御曹子と、その従業員という関係ではあっても、同じ世代で、友達づきあいをしていた二人なのである。私としては、信号待ちをしていた時、車の窓越しに挨拶したのが、後にも先にも一度だけの出会いではあったが、その一度だけの、偶然の出会いが、印象深い。

また、こんなこともあった。

何年か前、軽井沢にある作曲家の服部良一氏の別荘に招待していただき、私と女房、長男の三人でお邪魔したことがある。その時、別荘の主人が私に、同席している人を「御木本の社長さんです」と、紹介してくれた。

「あの、失礼ですが、隆三さんって方は、あなたの何に当たるんですか」。私は、そうたずねた。

「隆三は、私の父です」

それを聞いて、思わず私は「あっ、あなた、隆三さんの息子さん」といってしまった。おやじの親友の子、という思いがあったからだ。すると、その席にいたお年寄りが「私が、その隆三の家内でございます」と、おっしゃるではないか。私は懐かしい思いで、いっぱいになった。

この隆三は、実に数奇な運命をたどった人だ。

幼い頃、隆三は母に死なれた。父、幸吉が買った鳥羽藩の家老邸で、夕方、一人遊んでいる。表門の乳鋲《ちびょう》をつくづく眺めていると、それが亡き母の乳房に思えてくる。その乳鋲を隆三坊やはしゃぶった。そんな哀れな話を聞いた。

長じて隆三は上京し、お茶の水の小学校、高師附属中学校、一高、東大英文科に進み、京大法学部を経て渡英、オックスフォード大学で学んだ。大層なインテリである。

この間、隆三は英国の思想家、ジョン・ラスキンを知り、大げさな言い方だが、全身全霊、どっぷりと帰依した。ラスキンについて、隆三自身が、自著の中でこう書いている。

「ラスキンは一八一九年熱烈な王統派の金持の醸造家に生まれ、一九〇〇年ブラントウッドに死ぬまで、その一生を

御木本幸吉（前列中央）と隆三（後列中央）。

自然と美の探求に終始しました。

また社会主義者としての彼は、ロンドンのイースト・エンドに労働者のための学校経営を援けてティーハウスを作り、多くの著述を残しながら親から受け継いだ莫大な財産を悉く彼の主義のために費やしたのである。

ラスキンは自然を愛する余り、産業革命後の世の機械化をひどく嫌いました。ラスキン・リネンやケルムスコット版の援助などもその現われです。紡織機の現われで忘れ去られた手紡ぎリネンを復活するために、親族の反対を押し切って老職工を集め、古典的手法をもって立派なリネンを作り出しました。

次に印刷機械の発達は、それまでの本から美しさを奪うものであると考えた彼は、活字はともかく紙は手抄きを好みすべて手刷りによる本を作りました。

もっと面白いことは、彼がオックス・フォード大学の学生を使って、大学前の道路普請をしたことです。これは今日でいう学生アルバイトの始めともいえるでしょう。この道路はラスキン道路と呼ばれ、今日でも残って居ります。」

ラスキンは富豪の子として生まれ、その富を主義のために費消したそうだ。隆三も、やはり富豪の子として生まれながら、どこかその生活に違和感を覚えていた。隆三は、ラスキンに自分を重ねあわせたのかもしれない。彼は、ラスキンの故知にならって、銀座にラスキン文庫、ラスキン・ホールなど三軒の高級喫茶店を開いた。

ところが、隆三は、お坊っちゃんだ。まったく経済観念というものがない。ラスキンのコレクションを入手するために次々、借金をする。幸吉の息子だというので、悪徳の者どもが、高利で巨額の金を貸しつけようとする。三十万円の借金が三年間に二百八十万円になっていたというから、今のサラ金そこのけのあくどさであった。

昭和十二年、隆三は多額の借金を残して失踪した。当時の新聞記事によると、隆三は、「今日を最後に僕は、この家を出る。あとは債権者のものだ。何も手をつけてはいけない。この場になって心苦しいことをするのは申し訳ないことだ」とそういって、家人には、家財道具に手を触れることを禁じ、自分はいつもの通りの外出姿で、わずか一枚の浴衣を持って自宅を出たそうだ。

この隆三ほど純粋な人が、地球上にそうざらに生きていたとは思えない。かつて幸吉が不況のために工場の職人を約五十人、解雇した時、隆三は、その解雇された人たちを自分が経営していた喫茶店に引き取った。「ラスキンは、労働者を解雇しろとは教えていない」という信条からだそうだ。そのとき、銀座の三つの喫茶店は大きな赤字を抱えていた。

こうした純情が人の心を打たないはずはなかった。後に、閉鎖されて解雇されることになった三つの喫茶店の従業員五十人余りは、店則として定められた解雇手当を頑として受け取らなかった、と新聞記事にある。

結局、隆三は準禁治産者となった。とはいえ、幸吉は長男のひたむきさを愛していたようだ。「わしは真珠一筋。隆三はラスキン一筋。どこか似ている」。上機嫌で、そういったことがあったという。

戦後、おやじは隆三に会った。隆三はおやじに「僕たちのグループでは、君が最左翼へ行ってしまったね」といったそうだ。たしかにおやじは、隆三の目からすれば、途方もなく左へ左へと進んだことになる。しかしおやじの目からすれば、隆三は所詮、ブルジョアの子息にすぎないということだったのだろう。おやじは、そのこだわりがあってか、世間の人には、あまり隆三のことを評価した風には語らなかったようだ。ただ、私には「隆三さんは、御木本のなかでは、ぼくの良き理解者だ。大変な仲良しだった」といっていた。それが本当のところなのだと思う。

徹之助結婚する

話は溯って、おやじの関心が労働運動、思想問題よりもまだ義太夫に傾いている頃である。伊勢神宮の神職、足立氏に嫁いでいるおやじの長姉、ゆうが、ぽつぽつ徹之助に身を固めさせなければ、と心配しはじめた。ついては、三重県度会《わたらい》郡小俣《おばた》町の浄土真宗大谷派・西光寺《さいこうじ》の住職、小幡徳月《おばたとくげつ》の長女、いさほが良かろうという話になった。ほかの親戚も間に入って、縁談が進み、その後しばらくしておやじが帰省、いよいよ見合いとなった。まだ遊興に未練を残していて、世帯を持つことはちょっと、というおやじに、親戚一同わいわい言って新婦を押しつけた、という具合だったようだ。そして、いさほの方は、東京仕込みのモダンな男に、そっと恋心を抱いたのかもしれない。いずれにしても、大正九年、二十五歳の徹之助、十八歳のいさほは結婚した。

二人は工場のある内幸町に新居を借りた。隣は、しゃれた洋館でフランス人が住んでいて、その夫人が、おふくろに西洋料理を教えてくれた。「西光寺の嬢やん」といわれ、生家では本格的な花嫁修業をする暇もなかったおふくろは、ずいぶん、このフランス女性から料理やなにやかや、教わることが多かった。

二人が結婚して一週間目、おふくろが仰天した。三味線のお師匠さんだという女性が「あたしって者がありながら、こんな小娘を引っぱり込んで、くやしいーっ」と泣き叫びつつ、新居に飛び込んできたのである。そのお師匠さんは、顔半分にあざがあり、おやじよりいくらか年上だったらしい。かなり三味線の腕が達者で、東響を名乗ったおやじに義太夫の手ほどきをしたのも、この女性のようなのだが、ただ箱根で一緒に門づけをした竹本豊助がこの人かどうか、はっきりしない。生前、おやじに「どうだったんだ」とたずねたら、おやじ、ひと言、「忘れた」といった。

この衝撃をもたらした女性のことを、おふくろは金輪際、忘れられなかったとみえて、私に、あの時の驚きを何度も話した。おやじにしても、「あたしって者が」と来られた時は「まずいことになったな」と思ったに違いない。「忘れた」なんてことはなかったはずだ。

おやじの女性関係に話が及んだところで、思い出したことがある。

戦後、私は銀座・歌舞伎座の近くのビル四階にあった「クラブ・エデン」でギターを弾いていた。ある日、通称ちくさんという、ドラムをたたいていた友達の家へ行った。ちくさんが、私をお母さんに紹介した。

「これ、おれの友達で植木さんっていうんだ」

「初めまして。植木です」

すると、そのお母さんがいった。

「あなた、声がお父さんとそっくりでしょう」

「はい」

「顔は似ていないでしょう。お父さんの方が、ずっといい男よね」

「うちのおやじをご存じですか」

「植木徹之助さんっていうんじゃないの」

「はい。でも、どうして……」

「だって、徹之助さんは私の妹とできてたから」

この話は、おふくろには死ぬまでしなかった。いくら年をとっても、亭主に女がいた、というような衝撃的な話は、なるべく聞かない方が幸せなのだから。そうそう、それからおやじとできていたという女性は胸を患い、二十いくつの若さで亡くなったそうだ。

私の顔はおふくろ似だが、声の方は、ちくさんのお母さんがいった通り、おやじそっくりである。いたずら電話がかかってきて、私を電話口に出せ、なんてことになると、本人の私が、ちょっと声を渋い目にして「いやあ、息子はもう出たら鉄砲玉でね。いつ帰ってくるか分かりませんからね」なんて答える。相手はそれで十分、納得していたようだ。しょっちゅう、私はこうしておやじの役をやっていた。おやじ死して、そんなこともなくなったが。

関東大震災にあう

おやじとおふくろが世帯をもった年の翌大正十年、長男の徹《とおる》が生まれた。おやじ二十六歳。身辺に落ち着いた雰囲気が漂いはじめ、仕事の面でも思想的にも、円熟のきざしを見せていた。

そして大正十二年、おやじは大役をいいつけられた。その年の十一月に予定された東宮殿下（昭和天皇）御成婚に際して、良子女王殿下のために冠、首飾り、胸飾り、腕輪、指輪、その他一切の装身具を製作するよう、宮内省から御木本に指示が下されたのである。そのうちの冠の製作をやれと、おやじと野川喜太郎の二人が命じられた。

工場内は大変な緊張である。幸吉が陣頭指揮をとる。工員は沐浴斎戒《もくよくさいかい》で、白袴、白足袋、白草履姿だ。宮内省の役人が来て、毎日毎日、仕事の進み具合を記録する。「冗談じゃないよ。風邪ひきそうだよ」。暑い季節だから、水ごりをとっても風邪をひくことはなかっただろうけれど、おやじは、あまりの仰々しさに、そんな愚痴のひとつも言ってみたくなっていた。

九月一日、関東大震災の日の真昼、工場は夏休み態勢に入っていて、仕事は午前中で終わっていた。ただ、宮内省関係の仕事をしている者だけは残っていた。おやじも早い昼食のあと、午後の仕事に備えて寮の二階にある佐藤保造の部屋で休憩していた。

そのとき、グラグラッときた。

たまたま、上村祐造が工場にいて、窓越しに隣の寮を見ていたら、おやじは立ちあがり、阿波踊りでも踊っているような手ぶりをして体のバランスをとろうとしていた。おやじたちは逃げようとした。しかし、寮の二階の床がVの字型に落ちてしまっている。斎藤信吉が二階の食堂を講堂として使うために、柱を抜いていたからである。階段を降りようにも階段はつぶれている。二階の窓から地上に飛び下り、まだ揺れ続ける地面を蹴って日比谷公園の方へと逃げた。

おやじは、逃げのびた日比谷公園で、ばったり幸吉に会った。幸吉はこの日、工場に隣接する住まいに来ていたのである。

「おい、植木」と、おやじの顔を見るなり、幸吉はいった。「冠が大丈夫かどうか、工場へ帰って確かめてこい」。おやじは、幸吉の顔をつくづく眺めながら答えた。「冠みたいなものには潰れたって作り直しがききますが、人間の体ってものは作り直しはきかないんだから、私は嫌です」。幸吉は、どなったそうだ。後にも先にも、天下の御木本にさからったのは、おまえだけだ、ふらちな男だ、ってわけである。

おやじが幸吉にさからったのは、無論、わけあってのことだろう。一つには、比嘉賀秀とともに工場の近くを散歩して、広大な皇居と貧しい人民の生活とを比べたことが頭の中に残っていたのかもしれない。しかしそれ以上に、おやじが、わが命いとし、とした理由があった。この関東大震災の四日前、次男の勉《つとむ》が誕生したばかりだったのだ。その子がかわいくて、冠と引きかえにこの命を捨てるなんざ、まっぴらごめん、という気持ちになっていたのである。

この勉が誕生したとき、おふくろの母親が伊勢の西光寺から内幸町のおやじの家に手伝いに来ていた。お産がすんで四日目に大震災である。「東京は怖いところだ」と、おばあさん、伊勢へ帰ることにした。おふくろも、また東京に天変地異があるかもしれぬと、交通事情も何とか回復して帰れる見込みが立つやいなや、生まれたばかりの勉を抱いて、母親と同行することになった。

汽車の道中である。東海道線の各駅では、東京から逃げ散る罹災者のためにと、炊き出しのにぎりめしが配られていた。箱に大きなにぎりめしが湯気を立てて並んでいる。「どうぞ、どうぞ」。西光寺のおばあさんは、そう勧められても、代金を取られるのだと思って「いえ結構でございます」「せっかくでございますが、結構です」と、断り続けていた。

静岡を過ぎたあたりになって、おふくろが「おばあちゃん、あれはただなんですよ」といった。それから後、おばあさんは「はい、ありがとうございます」一辺倒で、にぎりめしを貰い、西光寺に着いた時にははにぎりめしが両手に持ち切れないぐらいだったそうだ。

こうした逸話を近親から聞き、あるいは記録を読んでいてつくづく思うのは、御木本幸吉という人の周到さである。

真珠は火に弱い。だから幸吉が最も恐れたものは、火事だった。元来、幸吉は、店員を信用して金庫を信用しないという人だったから、火災発生時には金庫の中の品物を出して非常袋に入れ、店員がそれぞれ分担してかつぎ出すよう、日頃から訓練していた。そんなわけで、大震災の日も、かねての訓練通りに実行し、被害を最小限に食いとめることができた。

幸吉は周到であるとともに、幸運でもあった。

震災時、銀座の店の店員が、取引先から一台のリヤカーを借りてきた。店員は大事な物を一切合財、このリヤカーに乗せ、ただひたすら主人、幸吉のいる日比谷公園へと運んだ。公園に着くと、近くの店の者が「そのリヤカーを貸してほしい」と頼む。「どうぞ」と貸してやったところ、その店の者は、どこが一番安全かと、いろいろ思案して、結局、荷物をリヤカーで築地の本願寺境内に運んだ。ところが、その築地のあたりは猛火に包まれ、全焼したのだった。

ともあれ、東京、神奈川を中心にしたこの大震災の結果、三十八万戸の家屋が全焼し、十万人を超える人が死亡または行方不明となり、三百数十万人が罹災した。御木本の本店は焼失し、工場も被害を受けた。

御木本工場閉鎖する

同じ九月二十四日、本店から「工場閉鎖」の申し渡しがあった。工員たちは、いくばくかの手当を受け取ったが、とうてい再出発の資金といえるような額ではない。同十月五日、工員一同は「御主人殿」にあてた歎願書を出し、切々こう訴えた。

「今度御木本工場解散に際して、主人より示されたる解散手当は、従来工場員勤続慰労の目的を以て、大正九年制定せられたるものに比して、その額余りに僅少にして解散手当と見なす能はず、殊に特種技術者として、多年工場に就業し来りたる我等が、失職後の生活は如何に悲惨なる状態に堕するや謀り知られず、他業に転職するの至難なるは勿論、高等装身具製作者として、大災後の二三年間は、到底生計の道の求められざるは、御主人が東京本店を閉鎖せらるる御決心の程にも、充分肯定せらるる事実なり。我等は此際、御主人の決意の無理ならぬを知ると同時に、我等今後の生計の悲惨さをも、涙なくしては眺むるを得ず、常に我等の前に、御木本幸吉に使用せらるる工場員は、如何なる場合にも、他家のそれに劣るが如き待遇はなさず、安心して各自業務に精励せよ、と激励せられつつありし御主人の御言葉を思ひ浮べて、此度の変事に思ひ至れば、我等のこの歎願の、必ず御主人の御承認下さるべきものと存じ、その名誉と人格にあくまで信頼して、茲に歎願申上ぐる次第を、幸に御賢察下され、御快諾の程偏に懇願奉る。」（三吉明著『キリストによる労働者』）

暫くは、皇室御用の工場から労働歌が流れ、幸吉らを困惑させたようだ。しかし大震災の後、世間は装飾品どころではなくなっていた。労働歌もやがて聞こえなくなって、工員たちは、それぞれ散っていった。一種のレイオフである。

その頃名古屋に、おやじの弟、保之助、顕之助が住んでいた。おやじは一時、弟たちのいる名古屋に行き、昔の名古屋帝国大学の近くで、うどん屋を開いて夫婦で簡単な丼物を作っていた。店の名前は「甘辛食堂」なんていういいかげんなものだったようだが、メニューはすごい。「革命うどん」「改良どんぶり」などというものもあったらしい。

再び上京し、左翼労働運動にかかわる

大正十三年、おやじたちは再び上京し、神田・五軒町で間借りをした。六畳の部屋が二つ続いた二階である。上京するについては、御木本の先輩、大西甚松のひきがあったらしい。

間もなく、この二階に佐藤保造が転がりこんできて同居することになった。前にも触れたが、佐藤はおやじの妹、政《まさ》のつれあいだ。おやじよりは、九年遅れて御木本に入り、一緒に仕事をしていた仲間でもある。二人は、この借家で町の飾り屋（宝石台を作る職人）が持ってくる石止め、つまり宝石を金属の台に入れる仕事をした。おやじも保造も、石止めを専門にしていて腕が良かったし、この職種の職人は少なかったしで、結構、注文はあった。御木本からの注文こそなかったが、大西甚松が口を利いて、仕事を回してくれることが多かった。

その年の暮れ、おやじたちと保造が五軒町から仲御徒町《なかおかちまち》の借家へ引っ越すことになった。大西甚松の若い衆にも手伝ってもらって、家財道具を大八車に積み、二十分ほど歩けば、もうそこは新しく入る借家だった。荷物は車一台。引っ越し先は散歩の距離。簡単な転居である。

仲御徒町の借家は、上野の松坂屋から東を向いて工事中の環状線のガードをくぐり、市電の線路ぞいに歩けば、すぐの所にあった。二メートルほどの路地をはさんで向かいあわせに長屋が並んでいる。路地の両側には、ところどころ盆栽の緑もある。その中ほどの一軒がおやじの住まいになった。

玄関は南向きで、細かい格子づくりのガラス戸がはまっている。こぢんまりしたこぎれいな、どこか芸人が住むような雰囲気だ。両開きの戸口をガラリと開ければ、狭いたたきがあり、その向こうに二畳間、六畳間がある。たたきの右手は台所で、流しとかまどが据えつけてあった。六畳間のよこから階段で二階に上がると、四畳半の部屋が二つ続いていて、ガラス窓から陽光がいっぱいに射し込んで明るい。おやじ夫婦と徹、勉は一階六畳間に、保造は二階の北側の部屋に落ち着いた。仕事場は二階の南側の部屋だ。窓際に机と椅子を置き、二人は向かいあって仕事をした。

親父たちは、よく働いたらしい。朝起きると、朝食前にひと仕事する。昼間もする。晩飯を食べたあと、また夜業をする。ずいぶんと長時間労働をした。

しかし、働けど働けど、わが暮らし楽にならざり、だった。五人の口、十本の箸。おまけにおやじたちの友だちが次々にやってきては食べて帰る。豆腐屋、魚屋、納豆屋が毎日、売り声を路地裏に響かせながらやってきては来るのだが、おいそれと買うわけにはいかない。たまにイワシを食べれば、御馳走だなあ、という感じである。洋食屋でライスカレーを食べることなどは、ついぞなかった。銭湯も、毎日行きたいところを、二日に一度でがまんするという具合である。

生活は苦しかったとはいえ、おやじは三十歳になるかならないか、おふくろは二十二、三歳である。まだ若い。それにおやじにとって粗食は御木本時代から馴染みだし、おふくろも我慢強かった。二人は、張りきっていた。

当時、借家の近くで環状線の工事が進んでいた。上野—秋葉原間がまだ通じていない頃で、工事は、その区間をつなぐためのものだ。

浅草—上野間の地下鉄が開通したのも、この頃である。初めて地下鉄に間接照明を取り入れたので、車内のどこで新聞を読んでも陰ができない、というのが宣伝文句だった。おやじたちは、その宣伝文句にずいぶん好奇心をそそられて、親子四人、連れ立って地下鉄に乗りに行ったことがある。改札口で五銭玉を一つ入れると、十文字になったバーが四分の一回転して一人が入れるという仕掛けなど、おやじを喜ばせたらしい。

たしかに、この東京時代、おやじは仕事と生活苦に追われていた。しかし、それにもかかわらずというべきか、だからこそというべきか、ともあれおやじは社会運動に突っこんでいった。

歴史年表をひもとくと、この頃は大変な時代だ。大正十二年の関東大震災のあと、日本共産青年同盟の初代委員長だった川合義虎が亀戸署で虐殺されている。無政府主義者の大杉栄、伊藤野枝らも憲兵隊に虐殺されている。また十三年二月、総同盟が現実主義への方向転換を宣言し、同じ年の十月には、総同盟関東同盟会で左右の内紛が激化したということもあった。この時、渡辺政之輔ら左派の指導者や、「東京合同」などの尖鋭労組が除名された。翌十四年五月、総同盟が第一次の分裂をし、左派は日本労働組合評議会を結成した。おやじにとっては、まさに寧日《ねいじつ》なし、の状況だっただろう。

その頃、亀戸の本所太平町に「東部合同労働組合」の本部があった。震災前、川合、渡辺によって創立された「南葛《なんかつ》労働協会」が、川合らの虐殺によってつぶれたあと、残った渡辺らが再建した組織である。東京地方評議会の、いわば尖鋭分子が、この「東部合同」を拠点にしていた。中心部には渡辺のほか、当時の闘士で、のちに国策パルプの会長になった南喜一らがいた。

この「東部合同」とくつわを並べる形で、この頃、「北部合同労働組合」が作られた。「北部」とは、なんとなく漠然と「東京北部」を指していたようだ。創立者は、真柄真吾《まがらしんご》である。おやじは、この「北部合同」に参画した。

そもそもおやじが「北部合同」に関係したのは、やはり御木本時代の人間関係があったからだ。大西甚松のところにいた御木本関係の小川三郎が、やはり御木本関係の高橋喜一郎におやじのことを話した。そこで高橋がおやじを訪ね、さらにそのことを自分の友人、中溝秀貞に話した。そして、この中溝が自分の友人で、ともに「東部合同」に関係していた真柄を仲御徒町のおやじのところに連れてきた。それが、いきさつである。

治安維持法反対デモに赤旗つくって参加する

「北部合同」創立の頃、全国で治安推持法反対の示威運動が行われていた。この法律は、国体変革や私有財産制を否認する言論とか運動とかを一切、禁止して、違反者は懲役刑に処すというもので、おやじたちにとっては、もってのほか、というところだった。「北部合同」は、こうした示威運動に自前の旗を掲げて参加しようと、急遽、作られたのである。

佐藤保造は、この頃のことをはっきりと覚えている。

おやじが縦一メートル、横二〇センチほどの板に「北部合同労働組合中央支部」と墨書し、その看板を借家の玄関の格子戸右手に掲げたのは、大正十四年二月のことだった。ただ、看板の文字の凜々しさに比べ、組織に参加する者の数は少なく、真柄やおやじ、佐藤を含め、五、六人にすぎなかった。

示威行進で掲げる旗が必要である。それも、春とはいえ、まだ肌を刺すような寒風に逆らって、翩翻《へんぽん》とひるがえる真紅の旗でなければならない。皆は、そう考えた。おやじたちはいつも、こうした「美学」に、えらくこだわるのだ。

おふくろが晒を調達し、四辺をかがって旗の形にした。それを赤く染め、赤旗にするのは、おやじや佐藤の役目だった。一階の土間の土釜で、おやじたちは、ぐつぐつ湯をわかした。わいたところで、紅殻《ベニガラ》の染め粉を入れ、晒を煮たてた。仲間たちが、真っ赤な湯が沸騰するさまを感慨深く眺めていた。やがて、晒は赤旗になった。おやじは、乾かして、ぴんと伸ばした布地に「北部合同労働組合」と書いた。

闘士たちは、大満足である。しかし、おふくろは不満だった。というのも、土釜に紅殻の色が染み込んで、二、三日は白いご飯を炊いても赤飯のように染まったのだ。もしこれが鉄の釜なら問題はなかったのだが、おやじたちの生計では、そんな高価なものは買えない。土釜一つで三度三度の食事を用意していたのに、その土釜がこのていたらくだ。佐藤の記憶によると、なんだか気味が悪いな、と思いながら、赤く染まったご飯を食べているうちに、一家、腹をこわし、下痢をしたという。

ともあれ、この赤旗は、芝公園から上野へのデモ隊列の頭上で、ひるがえった。「北部合同」が存在したのはわずか半年ほどの間だったが、この間、おやじたちは精力のありったけを運動に注ぎ込んだ。

週に一回前後、上野広小路の夜市で、ござを敷いて堺利彦、山川均らのパンフレットを売った。「このまま、資本主義の社会が続いたら、皆、うだつがあがらない。このパンフレットには、うだつがあがるように、社会主義のことが書いてある」と、通行人に呼びかける。おやじたちが数人、入れかわり立ちかわり演説をぶって、「さあ買った買った」と、売ることもあった。若い連中が足を止め、買っていくわけだが、一晩にせいぜい十部から十五部の売れ行きだったそうだ。

その年、つまり治安維持法が議会を通り、その半面、各地で地方無産政党が結成された大正十四年のメーデーの日、おやじら「北部合同」の面々が芝公園に結集した。真柄、中溝、おやじ、佐藤のほか、池ノ内三雄、福田栄一がいた。皆、背広姿で、精悍な顔つきだった。

同年八月、「北部合同」と「東部合同」が合併し、「東京合同労働組合中央支部」となった。看板の文字は書きかえられたが、事務局の所在地は相変わらず、おやじの家である。おやじは「東京合同」の執行委員、佐藤は、新しく本部の下部組織として作られた青年部に所属した。袴田里見も、この青年部に所属していたそうだ。「東京合同」の執行委員会は月に一回程度、太平町の本部で開かれ、おやじも、それに参加した。また、東京の共同印刷とか浜松の日本楽器とかで、当時、激しいストライキが行われていた。おやじの仲間はこうした運動にも応援に出かけていたらしい。

社会主義思想の勉強をする

「東京合同」の中央支部事務局となったおやじの家はまた、社会主義者たちが思想、理論をとぎすますための場にもなっていた。二階で研究会が開かれ、いつも十二、三人、時には十四、五人が参加した。講師のなかには徳田球一、山本懸蔵、渡辺政之輔がいた。この三人は、いずれも大正十一年に創立されたばかりの日本共産党の党員だった。

佐藤によると、研究会の話の内容は、レーニンの「国家と革命」「帝国主義論」、エンゲルスの「家族・私有財産および国家の起源」などだった。いわば社会主義の基本的な問題を研究していたそうだ。中堅幹部とか青年部の人たちとかを主として対象にし、かなり高度な理論問題を論じあっていたという。

講師として来る人たちは、それぞれ左翼の方では大物なものだから、いつも特高の尾行をまくのに苦心していた。山本懸蔵などときたら、当今流行のリバーシブルさながら、裏表両様に着られる背広を持っていた。尾行されているな、と気がつくと、ひょいと路地に飛び込み、背広を裏返す。小柄で、忍者並みに敏捷だった。

大正十四年五月半ば、佐藤が横浜へ労働運動の応援に行った。帰宅すると、家のまわりで特高が張っている。危ない、と、そのまま佐藤は名古屋に飛び、そこでおやじの妹、つまり私の叔母、政と結婚した。しかし、しばらくして佐藤は再び単身上京、おやじの家に身を寄せて運動を再開したというから、大したねばりである。

徹之助の病気、勉の死、そして等の誕生

おやじは、過労と粗食とで肺結核になった。寝汗、咳といった症状が進み、一向、良くならない。医者が転地を勧めるので、おやじは後ろ髪ひかれる思いで、また東京を離れるはめになった。その後、おやじたちの居所は伊勢、名古屋など、転々として定まらなかったようだ。

大正十五年五月、次男の勉が伊勢の赤十字病院で死んだ。振り売りの行商人から買った貝の剝《む》き身に当たり、疫痢《えきり》になって入院していたのである。勉は注射を嫌い、医

者の白衣に、ひどくおびえたという。ある日、注射器をかざして病床の側に立った白衣の医者の姿に、衰弱した体を震わせて泣き叫んだ後、急に容態を悪化させた。関東大震災の四日前に生まれてから、まだ丸三年も生きていなかった。

勉は、やさしい性格だったと、兄を知る人は誰でもいう。近所の人が菓子を紙に包み、勉にあげたところへ長男の徹が来ると、勉は「はい、おにいちゃん」と、その包みを徹に渡したそうだ。私と入れ違いに、この世から去っていった勉については、当然のことながら私に直接何の記憶もないけれども、勉の思い出を、こうした人たちから聞くと、つくづく懐かしい思いがする。

0歳の等を抱く母いさほ（前列右端）。西光寺で。

この名古屋時代に、私は生まれた。正式の、っていうと妙だが、本当の誕生日は大正十五年の十二月二十五日で、まるまるのトラ年である。ところが、暮れの忙しさにまぎれたのか、役所への出生届を頼まれていた叔父の保之助が、うっかり届けを忘れてしまったらしい。

「おい、今度生まれたの、あれ届けといてくれたか」

「あっ、いけねえ、忘れてた」

その時はもう年が明けて昭和二年になっていた。こんなわけで、私の生年月日は戸籍上、昭和二年二月二十五日になっている。いうならば、まるまるトラ年生まれのウサギ年ってわけだ。生まれおちたときから、私の人生の調子は狂ってしまっている。

なぜ私が名古屋で生まれたのか、といういきさつを、実のところ私はついこの間まで知らなかった。いや、一家が当時、名古屋に住んでいたということさえ知らなかった。だから最初、私の出生地が名古屋だと聞かされたときは、おふくろが伊勢の病院を信用せず、名古屋の病院に入院してお産したのかなと想像していた。

私が、この間のいきさつを知らなかったのは、おやじもおふくろも名古屋時代の話を一切、私にしなかったからである。たぶん、妹の真澄にも、両親は名古屋のことを話していなかったはずだ。どうしてだろうと、不思議で仕様がない。

三　真宗僧徹誠《てつじょう》、部落解放運動にとびこむ

西光寺で居候生活をする

私が名古屋で生まれたあと、暫くして一家は名古屋から、再度、小俣《おばた》の西光寺に戻った。当時、西光寺には、おふくろの祖父母、両親、おふくろの弟の徳雄、それに婆やさんが住んでいた。そこへ、おやじ夫婦、徹、等が加わったわけだ。

昭和三年には、さらに一人が増えた。長女の真澄が誕生したのである。

西光寺は宮川の流れに近い平地に建っている。隣に神社があり、寺の周囲には、こんもりと緑が多い。この静かな一画では、時の移り変わりさえ、どことなく悠長に感じられるのである。

おやじは毎日毎日、退屈しきっていた。やることが、まるでないのだ。法要をひかえて寺でついたかき餅をずらりと本堂の縁側に並べ、天日で乾かすのが、この精力的

西光寺。昭和 58 年撮影。

な男に与えられた唯一の仕事だった。餅の表が乾けば裏返す。日が傾いて、餅が本堂のひさしの陰になると、餅の場所を移動する。

膝小僧を抱えるようにして縁側に座り、餅の列を見ながらおやじは考えた。——風の便りに聞けば、大震災のあと御木本から離れた従業員たちに、ぼちぼち復帰命令が出されているという。しかし、震災後五、六年も経とうというのに、この植木には「帰れ」という指示が、まったくない。危険思想の持ち主だからというので、再び呼び戻すつもりはなかったのだろう。

——かといって、東京には未練がある。この熟練した腕を、また生かしてみたい。このまま餅を天日に乾かして一生を終わるなど、考えただけで身の毛がよだつ。

この時の奈落に沈みこむような気持ちが、日頃活発なおやじには格別に忘れられなかったのだろう。老後、「等、あのときは淋しかったぜ」と、何度か語っていたものである。

この頃、長男の徹は六、七歳になっていた。おやじは、日が暮れると徹の手をひき、寺から歩いて五分ぐらいの宮川の川っぷちへ散歩に出かけるのを日課にしていた。すれちがう人が「徹ちゃん、どこへ行くの」という。徹が「銀座だよ」と答える。御木本の工場で働いていた日々、ちょくちょく内幸町から銀座へと散歩したものだから、徹はおやじと歩くことが「銀座」行きだと思っていたのだ。おやじは、徹の返事にまた東京の生活を思い出し、小俣町の居候生活を情けなく感じるのだった。

この徹は、壮絶なばかりの腕白、この地方の言葉でいえば「あらかん坊主」だった。徹が名古屋から小俣町に引っ越してくるまでは、西光寺の筋向かいにある酒店の子が、近隣の小学校一、二年生のなかでは一番の腕白だった。この子が肩を揺すって歩けば、他の子は道を譲るほどだった。ところが、酒店の子が新参者の徹を威圧し、配下に加えようと喧嘩を挑んだところ、一歳下の、自分よりは小柄な徹に、こっぴどく殴られたのである。酒店の子は、ああ明日からは、このおれは近隣随一の大将ではないのか、と慨嘆して、その夜、口惜しさのあまり、酒店の窓ガラスを一枚残らず割ったという。この頃の子どもたちの権力闘争は激しい。

腕白無双、というべきこの徹にも弱点が一つあった。怪談を怖がったことだ。

夏の夕方、西光寺の隣家の前に縁台を出して、お年寄りたちが子どもたちに怪談をまじえて聞かせた。子どもたちは時折、キャーッなどと叫ぶが、それも別段、本気で怖がった話である。悪いことをするとキツネやタヌキが出るというような、教訓をまじえていたわけではなく、お年寄りの話に景気をつけているだけのことなのだ。ところが、徹だけは違った。お年寄りの話を聞いているうちに顔面が蒼白になり、ついには泣き出すのである。酒店の子をはじめとして、昼間、徹に歯の立たない子どもたちは、徹が怪談の始まる日暮れから、にわかに弱くなるのに溜飲を下げ、いつも寄ってたかって徹をいじめた。そして、おいおい泣く徹を蹴とばし、ののしり、あざ笑って、ああ愉快だったといいつつ帰るのが常だった。

しかし翌日の朝、近隣のこどもたちは身慄いした。夜が明ければ、昨晩の泣き虫は再び極めつけの餓鬼大将に戻っていて、片っ端から腕白連を殴って回るのである。その時の恐怖を、六十歳の坂を越した小俣町の元腕白たちが、今も語る。

「あらかん坊主」を兄貴にもった弟ほど憐れな者はない。兄貴に殴られた腕白たちが、意趣返しのために「あらかん坊主」の弟を殴るのである。だから私は、いつもひどい目にあった。突然、襲われ、身に覚えがないのに「この野郎、この野郎」と殴られるのだ。

門の外に七人の敵が待っているというのが、まさに、その頃の私の境遇だった。そんなわけで、私の遊び場所は、西光寺の境内と外との境目、つまり門のあたりになる。門の扉に、私が取りつく。よちよち歩きの真澄に、その厚い木の扉を押させる。真澄が「よいちょよいちょ」と踏んばると、扉がゆっくり動く。「楽ちん楽ちん」。私は、いつもそうして殴られるおそれのない場所で遊んでいた。

部落差別に憤慨する

ある日、おやじが、未解放部落で税金を集めている役場の税務係を見かけた。税務係は住民を呼び捨てにしていた。実に、えらそうだ。他の部落の人に対する態度とはまるで違う。おやじは、その役人を呼びとめて「君、君。どこへ行っても君はそういう態度なのか」と聞いた。役人は「いや、門構えの家へ行けば、自然に態度は変わります」という。「門構えの家とここと、どこが違うんだ。君は、ここが部落だと知っているのか」と問いつめたら、役人は「知っています」ときた。「そうか、それで分かった。それじゃ役場へ行こう」と、おやじは部落の人たちと連れ立って役場へ行った。そして、おやじは町長に「こんな人間を寄越すなら、税金を払わない運動をやるぞ」といった。

これがきっかけになって、おやじは解放運動に入って行ったのだと思う。昭和三年ごろのことだ。当時、おやじは「自分は部落民ではない、と思うことが、すでに相手を差別していることだ」と考えるようになっていた。

かくて解放運動に関係するようになったおやじが、このとき生涯の友を得た。食肉店を営む西中六松である。この六松は、滅法、気性が激しく、もともとは非行少年ともいうべき人物だった。ところがおやじと知りあってからは大いに感化され、それまでは心の底に沈んでいた正義感、闘志が人間解放に向けて爆発した。悪に強いは善にも、というわけだ。

昭和四年春、小俣町で町議の改選があった。六松が立候補しようと思ったが、立候補するには半年ほど若すぎた。そこで六松は、自分の兄に立候補してもらい、おやじと二人で応援演説をぶち回った。投票の結果は、六松の兄の落選だった。

誰が当選した、誰が落選したと、選挙後の興奮がまださめやらぬ時、元県議が酒を飲んで未解放部落を差別する言葉を吐いた。それを人伝てに聞いた六松が腹を立てて、おやじに相談した。「よし、糾弾しよう」。相談はまとまり、糾弾が開始された。相手方は暴力団を雇った。「奴ら、ひどい目にあわせてやる」というおどしも耳に入った。しかし、それにも屈せず糾弾をつづけた。結局、元県議は非を認め、地元の芝居小屋で「謝罪演説会」を開くことになった。

徹之助、検束される

いよいよ明日は「演説会」という日の昼だった。六松の家と、おやじが居候をしている西光寺の二個所を、あわせて三十人ほどの警官が襲い、家宅捜索をした。二人は検束された。罪名は、さっぱり二人には分からなかった。ただ警察が、もし「演説会」が開かれれば、二人が危険なことをいうかもしれないと、事前に二人の口を封じようとしたことは十分、想像される。

おやじがサイドカーに乗せられ、伊勢の宇治山田の警察へ連れられて行った。ちょうど宮川橋の上に来たとき、六松も二人の特高に両脇を固められて歩いていた。サイドカーが六松を追い越すとき、二人の視線が合った。「おれも行くぞ。心配せんでえぇ」。おやじが六松に声をかけ、にっこり笑った。

若き日の小幡徳月（右）。

六松の記憶によると、警察の調べは、実に、こまごましていた。六松に家から出てきた文書、書類の出所を一枚一枚、追及する。たとえば六松が古市の古物商で買った角火鉢のひき出しから、いわくありげな書類が出た、というので、さあ、この書類は何だと、なんともしつこい迫り方だ。六松には、まったく覚えがない。火鉢を買ったときから入っていたとしか考えられない。「そんな書類が入っているはず、あるものか。もし入っていたのなら古物商へ行って、その火鉢がどこから出たか、聞いてくればいいだろう。古物商人は、どこで品物を仕入れたか、記録しているものだ」。六松が、そんな風にまくし立てたこともある。

特高の追及に対して、六松が「忘れた」ということもあった。そんな時、特高は「おまえは頭が悪い。頭の良くなる薬をやろう」といって、ポカリ、六松の頭を殴りつけた。

この頃、警察の調べはまだ苛烈ではなかった。六松より年長で、西光寺というお寺さんの身内であるおやじに対しては、踏んだり蹴ったりの調べは、なかったようだ。

悪名高いタライ回しのすえ、六松は四十日後、釈放された。ところがおやじは、その後も警察に留置されたままだ。おふくろは怒った。六松に向かって、「あなたが出ているのに、うちの人が出ないのはおかしい」といい、真澄を背負って警察へ走った。「嬢やん」といわれて育ったおふくろが、まなじりを決して談判したかいがあってか、六松が出てから十日後、おやじも出た。

この間、西光寺の檀家は大騒ぎだった。そりゃそうだと思う。寺が創建されて以来、警官が寺に押し入るなどということは、一度もなかったのだから。「嬢やんの亭主をいつまで置いておくのか。徳月さんが、あんな男をかくまうから、寺に警官が押し寄せる」。檀家が、いさほの父、徳月を責めた。

おまけに特高が、しょっちゅう西光寺のあたりを徘徊していた。おふくろが買い物に出かけるときにも尾行がついた。学校では教諭が「西光寺には危険思想の持ち主がいる」と、生徒たちに注意した。

西光寺は共産党だ、アカだと、世間がすこぶるうるさい。

これほど「アカだ、アカだ」の大合唱になれば、徳月が音をあげても不思議ではないところだが、この徳月住職、穏和な割には腹のすわった人だったとみえ、ついぞおやじに非難がましいことは言わなかった。勿論、愛娘にさんざん苦労をかけている男だから、外で立派な人物だなどと褒めはしなかったが、おやじを信頼していた。檀家総代をしたことのある古老たちによると、徳月自身、「一般の人間が部落へ行って水を飲まない、などという差別がまかり通るようなことではいかん」と、檀家に説いていたという。

徳月はおやじの思想に共鳴し、おやじもまた徳月の親鸞主義に、徐々に影響されていった。

おやじは、アイデアマンだった。僧侶が「皆さん、きょうは私の御法話を聞きに遠くから来てくださって、まことに有り難く存じます。これも仏縁とおぼしめし……」なんていうマンネリズムは嫌いだった。後に僧侶になってからのことだが、おやじは徳月に「琵琶説教をやってみましょうや」と提案した。筑前琵琶の伴奏入りで「石童丸《いしどうまる》」とか、「壺坂霊験記《つぼさかれいげんき》」とかを一席、うかがってみようというわけだ。徳月も「そりゃ変わっていいだろう。やってみろ」といった。琵琶は他の人が弾いたか、おやじが弾いたか、今となっては分からないのだけれど、いずれにしても美男、美声のおや

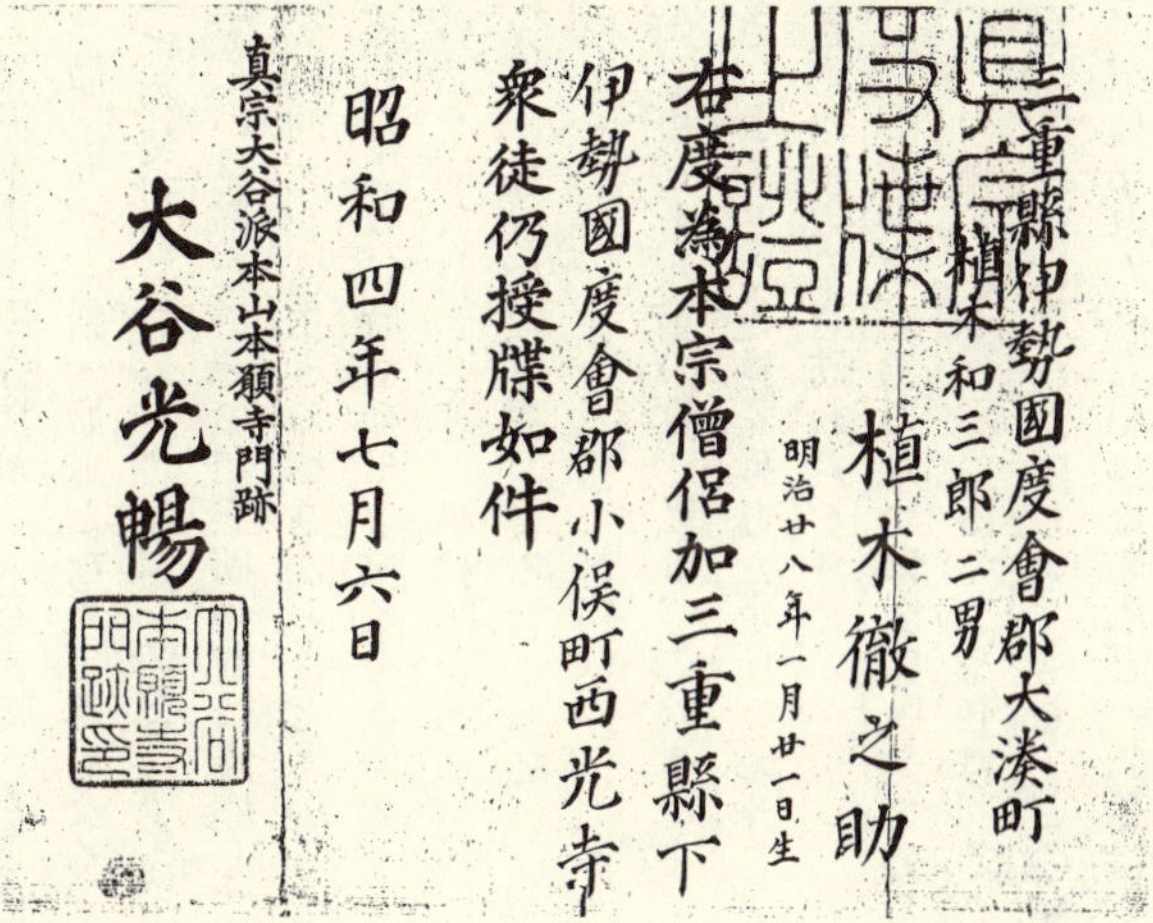

三重縣伊勢國度會郡大湊町
植木和三郎二男
植木徹之助
明治廿八年一月廿一日生
右度為本宗僧侶加三重縣下
伊勢國度會郡小俣町西光寺
衆徒仍授牒如件
昭和四年七月六日
真宗大谷派本山本願寺門跡
大谷光暢

植木徹之助得度の証。

じが、しみじみと琵琶入り説教をしたものだから、わっと人が集まり、善男善女を、とくに善女をしびれさせた。徳月は、すっかりおやじの力量に感心してしまった。

徹之助、得度して徹誠となる

当時、徳月の長男、徳雄はまだ十五、六歳だった。徳月の胸の中には、徳雄に寺を継がせる前に、おやじに僧侶の資格を取らせ、中継ぎにしたいという考えが芽生えていたのかもしれない。ともあれ、おやじは徳月の勧めに従って、名古屋の本願寺別院で一年間、修行をし、得度《とくど》した。

昭和四年七月六日、おやじは「真宗

大谷派本山本願寺門跡　大谷光暢」から僧として認められた。

徹之助が、僧・徹誠《てつじよう》となって間もなく、実父の和三郎が西光寺にどなりこんできた。「実の父親に断りもなしに、うちの倅を坊主にしてしまうとは、どういう了見だ」と、すごい見幕だ。その和三郎の前に端座して、徳月は僧侶の社会的責任、地位、人は何を目的として生きるべきか、などということを懇々と説いた。和三郎という人は、前述したように時計のゼンマイを巻くネジを預けられるほどの律義な人物である。徳月の話を聞き終わると、畳に手をついていった。「これは有り難いことになりました。今後とも、なにとぞ、よろしくお願いいたします」。和三郎は、いそいそと帰っていった。

昭和五十八年の夏、私は、この本をまとめるため、妹の真澄夫婦たちと三重県に行き、おやじが足跡を残した場所、おやじと交わりのあった人を次々に訪ねた。そのとき、西中六松を訪ねた。

六松は今、老齢のために床に臥せている。足元の壁にはおやじが揮毫《きごう》した「無常流転」の軸がかかっている。おやじは、そこで六松のことを「闘友」と書いているのだが、六松にはそれが嬉しい。もし、この軸が何かの間違いで紛失したり、賊が忍び入って盗まれたりしてはならぬと、六松は、軸を四六時中、目の届く足元にかけている。

六松は、初めベッドに横たわっていた。ところが、おやじの思い出を話しているうちに目を輝かし始め、身をベッドの上に起こした。その一語一語が私たちには驚きであり珍しくもあった。六松の語るおやじは、無作法で、向こうみずで、遊び好きで、どこを探してもそこに深刻ぶった「主義者」の面影はなかった。しかしそれでも、おやじはなんと魅力的な男だろう。

おやじは、得度する前、つまり徹之助だった頃、毎日のように西光寺から同じ町内の六松の家へやってきた。おやじには、本堂の縁側で餅をひっくり返す以外に仕事がないのだから、当然、懐にも小遣いはない。西光寺の賽銭箱をひっくり返し、チャリンと落ちる小銭をくすねてから、ぶらりと外に出るのである。

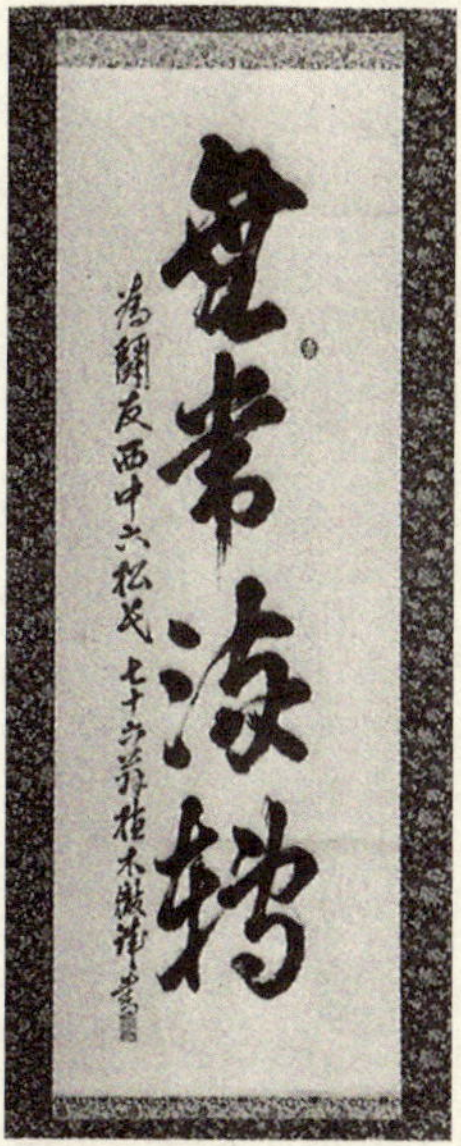

徹誠が「闘友」西中六松に贈った書。「無常流転」とある。

その頃、たばこのバットが七銭だった。しかし、賽銭箱に五銭しか入っていないこともある。そんな時、おやじは六松のおかみさんにいったそうだ。

「おまつさん。五銭しか用意してこなかったんだ。二銭たてかえて、バットを買ってきてくれないか」

おやじは六松を通じて新田《にった》彦蔵《ひこぞう》と知りあった。新田は、全国水平社三重県連委員長として活躍した人物だ。この三人が集まると、おやじあたりから「錦生楼へ行こうや」という話がよく出た。「錦生楼」とは、山田にあった遊郭である。新田にいたっては、流連《いつづけ》で、遊郭から六松宅へ通ってくるという時期もあった。「それで、女郎を買う金は、誰が出したのです?」と、六松にたずねたら、六松は「そりゃ、いつでもわしだ。商売していて、日銭が入ってくるのは、わしだけだもの」といった。「おまつさんが亡くなったから、ようやく女郎買いの話もできるようになったわけですね」というと、六松は大きな口を開けて笑った。

栗谷の山寺の和尚になる

徹之助が得度して徹誠と名を変えても、彼の居候生活の様子は変わらなかった。鬱《うつ》勃《ぼつ》たる精力のはけ口に、日々、彼は不足を感じていた。そんなある日、西光寺住職の徳月がおやじに、こんな話をした。

「ここに二つの寺がある。一つは滋賀県下の寺だ。そこは檀家が裕福で、そこの住職になれば一生、尊敬もされ、豊かな生活も保証される。檀家のいう通りにしていれば、年に千円は残るだろう。もう一つは、小さい寺だ。檀家が広い範囲に散らばっていて、檀家回りも並大抵ではない。そのうえ、檀家も裕福とはいえない」

おやじは、言下に「住職になる」といい、小さい方の寺を選ぶといった。

おやじは、死人の供養をして、お布施で生活することに満足していなかった。後日、妹真澄の夫、川村善二郎がおやじに「社会運動をやっていた者が宗教界に入ることに矛盾を感じなかったか」とたずねると、おやじは「なあに、社会が変わっても夫婦げんかは無くならないから、坊主のやる仕事はあると思った」といって笑ったそうだ。おやじの関心事は、いつの場合も、夫婦げんかを含めて現実社会の問題を解決することにあったようだ。

さて、おやじが選んだ寺は、三重県多気《たき》郡荻原村大字栗谷小字栗谷（後に宮川村）の常念寺である。この寺は無住寺で、檀家が住職になってくれる僧はないものかと、西光寺を始めあちこちの心当たりに声をかけていたらしい。いよいよ住職が来てくれる、というので、常念寺の檀家は大いに喜んだ。

昭和五年、おやじ一家が西光寺から栗谷の常念寺にトラックで引っ越しすることになった。家財とおやじ(三五)、いさほ(二八)、徹(九)、等(四)、真澄(二)を荷台に乗せたトラックが栗谷の細い道を縫って走り、山すその民家の前に停まった。そこからはトラックが入れないのだ。そこで家財はひとまず、その民家におろし、集まってきた檀家たちがその家財をかついで、よいしょよいしょと山道を登った。

おやじは、山また山の山寺だと覚悟はしていたが、よもや、これほどとは想像もしていなかった。山の斜面を断ち切って、その土を下ろし、やっと作った平地に寺を建てた、という感じなのである。山すそから山道がくねり、途中から本堂の前の狭い空き地までは大小不ぞろいの石を積んだ石段がついているのだが、その石段も雑草に覆われて半分は見えない。

常念寺のたたずまいは、まるで妖怪映画のセットのようだった。嵐の夜は、本堂、庫裡《くり》のあらゆる隙間から風と雨とが吹き込んだ。家族は、おびえ、抱き合った。子どもたちは「西光寺へ帰ろう」と泣いた。しかし晴れた日には、寺からの眺望は緑一色で、眼下の竹藪、野原、田畑が視界いっぱいに開けていた。その広大な眺望のなかに、ぽつんぽつんと、十軒ほどの民家の屋根が見えた。

一年、二年、牧歌的な歳月が流れた。まだ小学校にあがる前の真澄が、毎朝、寺の

無住となっている常念寺。床は朽ち、軒が傾いていた。昭和 58 年 7 月撮影。

近くからシイタケを採ってきて、それをおふくろが醤油で焼いた。私は、山肌を流れ落ちるせせらぎのあたりでいつも五、六匹のカニを取ってきて、本堂の縁側に一列に並ばせ、競走させせようとした。ところが、カニは前には進まないし、一匹の甲羅を押さえているうちに、ほかの数匹が動き出すしで、なかなかヨーイドン、の一斉スタートとはいかない。あり余るのは時間だけ、という山中、私は何時間も、こうして容易ならざるカニの競走にかまけていた。

庫裡の前の沓《くつぬ》脱ぎ石の周りで、私と真澄が梅干しの種を金鎚でたたくこともあった。種を割って、中の天神様をたたき出そうというわけだ。えいっとやった拍子に指をたたき、私が泣きべそをかくこともある。とはいえ、そんな時にも妹の手前、涙はなんとか、せきとめた。

山中には危険が多い。山すその急流にかかった丸木橋を渡っているとき足をすべらせ、転落したことがある。それほど深くはないのだが、なにしろ流れが速いから抜き手を切ることも、川底に立つこともできない。無我夢中で手足をばたばたし、体に触れたものに、しゃにむに抱きついたら、それが岩だった。これを離してなるものか。必死にしがみつき、恐る恐る見回したら、流れのつい三、四メートル先が滝だった。もしあの時滝壺に落ちていたら、命があったかどうか。

私の通っていた学校は栗谷小学校である。通学するときは、けもの道のように細い道を通った。道の片側は断崖絶壁だった。学校からの帰り道、怖いものみたさというやつで、道から身を乗り出して下を覗いたら、背中のランドセルのふたが外れていたのか、本や筆箱が、ばらばらっと崖下に落ちてしまった。暫く呆然と立っていたけれど、いつまでそうしていても仕方がない。勇気を出して、そろそろと崖下まで這うように下りた。ようやく崖下にたどりつき、あちらの草むら、こちらの木の影と、本を一冊一冊、鉛筆を一本一本、拾い集め、残らず拾ったかどうかを確かめた。それから文房具の泥を拭ってランドセルにおさめ、また、そろそろとよじ登った。崖の上まで登りついた時は、すでに日暮れだった。まさに、たどりつく、という思いで寺まで帰って、何事もなかったような顔で「ただいま」といったら、おふくろが「どうして今日は、こんなに遅かった」と、叱った。

危険で不便だとはいえ、子どもの日常にはまだ、牧歌的なところもあって楽しいといえば楽しい。ところが、ただ試練、ただ苦難というほかなかったのは、この山寺の和尚の生活だ。

常念寺の檀家は、二百軒ほどもあった。それが栗谷一帯に散らばっている。山の向こう、川の向こうと、広範囲に散在している。しかも電車もバスも無い。だから葬式だ年忌だとなれば、おやじは饅頭笠に手甲脚絆、振り分け荷物という姿で、野を越え山を越えた。ちょっと遠方で法事となれば、早朝に寺を出立しても、泊まりがけだ。とても、その日のうちには帰れない。

学校の帰り、おやじが寺の方からこちらに歩いてきたことがあった。いつもの道中姿だ。すれちがいざま、「どこまで行くの？」というと、おやじは「あの山の向こうだ」といった。すたすたと去っていくおやじの後ろ姿を、私は突っ立って見ていた。

栗谷での活躍の数々

伊勢には代々、諸戸《もろと》清六《せいろく》を名乗る大山林地主がいた。その持ち山が、常念寺からも見えた。おやじが、寺を訪ねた檀家に、その山々を指さして、「人間が皆平等で、日本中にある財産を平等に分ければ、あの山に道がついて、村人の生活も、ずいぶん変わるのだが」と話した。

この栗谷時代、おやじは諸戸家の当主に「三十年か五十年の年賦で小作人に山を売り、小作人制度を無くしてくれ」と、かけ合ったそうだ。諸戸家の方が、その話を承諾したわけではないだろうが、後年、おやじが栗谷へ行くと、土地の老人たちが「植木さんの方に足を向けて寝られない」と、おやじの努力を喜んでくれたそうだ。ただ昨今、村の若い人たちに小作人制度のことを話しても、なかなか分かってもらえなくなったと、老人たちはいっていたそうだ。

余程の財産家でなければ村会議員に立候補しないというのが、当時の世間常識だった。ところが徹誠は、この寒村から村議候補を立てようと主張し、各戸を回って説得をした。従来、この栗谷から村議が一人出ていたが、この地域が結束すれば、あと一人、つごう二人の当選は可能と、おやじは踏んだのである。そして結局、二人が当選した。栗谷の家々が、万歳を叫んだ。

また、旧荻原村の村長をしていた人物を県議候補に推したこともある。この時は、残念なことに六票差で落選した。

おやじは、年に二、三回、本堂で説教をした。栗谷小学校でも説教会をした。説教の内容は、突きつめれば「人間平等」ということである。栗谷小学校でも説教会、というよりは演説会を開いた。しかし、老若男女が寺や小学校へ向かう途中、五、六人の制服警官が道を阻み、「あれは説教ではない。共産党の演説会だ」と、皆を追い散らした。「常に警察が威圧的で、常念寺に行きづらくなった」と、親父を敬愛してくれながらも親しく付きあえなかった人々が、いっている。

全国水平社と連携する

この頃、おやじの活動範囲は、すでに檀家が分布している範囲にとどまっていなかった。たとえば松阪の巴座《ともえざ》という劇場で催された全県下の水平社や労働組合、農民組合の集会などに、せっせと出席していたようだ。こうした集会で、おやじを見かけた人たちの話によると、おやじは洋服ではなく、白衣《はくえ》のうえに墨染めの衣をまとっていたこともあるらしい。「白皙《はくせき》という言葉そのままに色が白く、頬がふっくらしていた。

えもいわれぬやさしさ、おかし難い気品があった」と、当時のおやじを覚えていてくれる人はいうのである。

おやじの栗谷時代のことだろう。多気《たき》郡と飯南《いいなん》郡の境で、双方の青年会が、いわば交流集会のようなものを開いたとき、おやじも参加した。その会合で、一人の青年が立ち上がり、やはり集会に参加していた県庁の役人を名ざしで批判しはじめた。「あなたは、某月某日の会合で、生命を賭《と》して解放のために闘うといったのに、今、われわれの敵であり反動勢力である県の融和事業の手先になっているではないか」というのである。

思わぬところで思わぬ非難を受けた役人は、まだ二十歳代の好青年だった。答弁しようと立ち上がろうとすると、たまたま近くに座っていたおやじが役人の洋服の袖をひいて、低い声でいった。「答えなくてもよい。座りたまえ」。しかし、その若い役人は勢いこんで立ち上がり、話し始めた。

「われわれは社会改革を目ざしている。この点において農民運動、労働運動、水平社の運動、みんな同じだ。しかし、部落の現状を見ると、あまりにも貧しい。はっきり言えば、ルンペン層と同じ、といってもよいような状態に陥れられている。もし革命が起こった場合、ルンペン層は革命の力にはなりえないという有名な言葉がある。だから、部落の財政的な水準をルンペン層同様の状態から引きあげるために、私は努力している」

若い役人が頰を紅潮させて語り、着席すると、今度はおやじが立ち上がった。この役人のための掩護射撃である。

「われわれは、部落の産業振興、生活の安定と向上に目を向けなければならない。解放のために生命を賭す、といったこの人の心境に変わりはないと確信している」

おやじの発言で、若い役人に対する血気にはやった青年たちの攻撃はピタッとおさまった。こうしたことを契機にして、この純粋な役人とおやじの交流が、だんだん深まっていった。

若い県庁役人の名前は、梅沢京路《うめざわきようじ》という。現在、七十の坂を半ば越しながらも健在で、当時のことを細々《こまごま》と記憶している。梅沢の話を聞けば、その頃の役所や融和行政がどんなものであったか、青年たちがどんなに苦闘していたかが、はっきりと浮かびあがってくるようだ。

梅沢京路の回想

梅沢は、おやじより十五歳年下である。生まれた町は、松尾芭蕉や横光利一の出身地、伊賀上野だ。白鳳城を中心に、碁盤目状の道が静かな町並みを区切っている典型的な城下町である。

梅沢が中学四年のとき、八高（旧制第八高等学校、現名古屋大学）に在学していた兄が浜松で起こった日本楽器労働争議の指導部に参画して検挙され、名古屋の刑務所に未決囚として収監された。ところが、その過酷な十か月の牢獄生活の間に、兄は肺結核を患って喀血した。仮釈放になって、兄はわが家に帰ったが、その時には、誰の目にも余命いくばくもないことが分かっていた。梅沢の兄もまた、自分の死期を悟った。死の床の兄は、自分の思想を弟の京路に継がせようとした。京路は学校から帰ると兄の枕辺に座り、兄が咳こみながら、かみくだいて話すマルクスやレーニンの思想の話を、全身を耳にして聞いた。

思想に殉じて、今まさに死のうとする肉親が語る言葉ほど、少年の胸に食いいるものはないだろう。梅沢京路は、瀕死の兄から思想とともに直情的な生き方を受け継いだ。

当時、軍事教練が正課だった。梅沢京路が配属将校の横暴に怒って四年の級友を動員し、グラウンドの真ん中に背嚢《はいのう》と銃を積み上げたうえ、学校の門を出て三キロほど離れた久米山にこもってしまった。町並みだけでなく、住む人々の意識も古い城下町のことである。梅沢少年の行動は新聞でも報じられ、驚天動地の衝撃を学校の内外に与えた。彼は一人、いわば犠牲となって放校処分を受け、私立中学校に転校させられた。

中学校を卒業して、昭和二、三年の頃、梅沢は松阪日野町二丁目の全国水平社で常任活動家として働くことになった。上田音市《うえだおといち》、新田彦蔵らと知りあったのは、この頃である。おやじは、まだこの頃、全国水平社には顔を出していなかった。

昭和三年、新労働農民党が結成され、すぐ禁止された。梅沢は当時、この党の主催する演説会で司会をして会場から検束された。検束の理由は、未成年であるということだった。京路少年、ハイティーン。恐ろしく早熟だった。

昭和三年十一月の御大典《ごたいてん》（天皇即位式）に先立って、昭和二年、三重県下でも保護検束と称する一斉検挙が行われた。このとき、県の合同労組常任書記、全日本無産青年同盟三重支部書記長の佐川八《わかつ》も検挙され、未決囚として津刑務所に収監された。

ところが、この佐川に看守が差別的な言辞を吐いた。食事の量も少なくした。佐川は水平社同人ではなかったが、出獄後、ただちに梅沢に事態を伝え、新田彦蔵らが緊急に会合を開いた。こうして、県水平社本部は糾弾のための態勢を整えた。

梅沢と佐川が、まず刑務所長に面会を申し入れた。二人は、具体的な差別の事実をあげ、所長の見解をただした。梅沢の記憶によると、所長はこういった。

「君たちは、まだ若くて分からないだろうが、世の中は、そうしたものなのだ。昔、木下藤吉郎という人は、織田信長の草履とりをしていた。その後、太閤秀吉となって、最高権力者となってからも、やはり草履とりと呼ばれたものだ。これは、やむをえないことなのだ」

また、『解放運動とともに・上田音市のあゆみ』(三重県部落史研究会著・三重県良書出版会発行)によると、こうもいったという。

「現内閣(田中義一内閣)は貴様等のやっている運動に対しては徹底的に圧迫せんとする方針である。糾弾するならしてみろ。片っぱしから監獄へブチ込んでやる」

所長がひとくさり、そういうのを聞くと、梅沢は激昂して机をたたいた。その声が扉の外にも響いたのだろう。看守が足音高く、部屋に駆け込んできた。佐川は、やはり百戦錬磨、沈着である。梅沢の肩を押さえて静かな口調でいった。

「これで刑務所長の言質《げんち》はとれた。十分、糾弾闘争はできる。今日のところは、これで良い」

三重県水平社は津市に糾弾本部を置き、糾弾大会を開いた。また、四人の上京委員を選出して上京させ、司法省を糾弾した。司法省の政務次官は「言明はできないが、誠意をもって解決に当たる」といい、即日、刑務所長は青森刑務所に転勤となった。肩すかし、というべきだろう。的外れの一件落着となったわけだ。

当時、全国水平社の闘争は、差別事件があれば、その都度糾弾するという風だったらしい。恒常的な闘争、日常的な闘争は、なかなか盛りあがりそうもなかった。梅沢は、上田音市、新田彦蔵らと相談して、労働運動、農民運動と水平社運動の三者結合を強めようとした。しかし、言うは易く行うは難しである。なかなか成果が上がらない。壁に直面し、しかも打開の方途を見失って、梅沢は結局、帰郷することにした。「暫く家に帰ります」。同志たちにそう告げ、肩をがっくり落として帰郷した。

この頃、軍人でありながら融和運動に奔走していた宮地《みやじ》久衛《ひさえ》大佐を招いて、津市主催の「融和問題講演会」が津市の劇場で開催された。梅沢も聴衆の一人として講演を聴きにいったが、話の内容がどうにもこうにも抽象的で不満が残る。そこで、講演が終わるやいなや、梅沢は立ち上がって緊急発言を求めた。「五分間の発言を許します」というので、梅沢は宮地大佐の考え方を徹底的に批判した。結局、五分間のつもりが二十分間になった。

この講演会に出席していた県幹部が、理路整然、かつ情熱的な梅沢の発言に注目したようだ。昭和三年春、県から「入庁しないか」と勧誘があった。上田、新田に相談すると、二人は口をそろえて賛成した。県庁の内部に入れば、情報も取りやすいだろう、というわけだ。梅沢はこうして、三重県嘱託として役人生活を送ることになった。当時十八歳。月給、四十円。決して安い給料ではない。仕事は、未解放部落の家屋や道路を整備する地方改善対策事業と、生業資金貸与、育英奨励制度の運営などだった。

制度を創設した精神は立派でも、運用がいいかげんということがある。この育英奨励制度もその一つだった。中学生一か月二十円、高専、大学生一か月四十五円という、恐ろしく高額な奨励金を貸与してもらっていた者は、民生委員、融和委員の縁故者に多かった。資産家の子弟でありながら貸与を受ける者がいる。貧しくて秀才なのに、制度の適用を受けられない者がいる。これは一体、どうしたことだ。不審に思った梅沢は実態調査をし、その調査の結果を、内務省から出向していた担当の織田智《さとし》課長に提出した。

織田課長は、若くて良心的だった。梅沢の調査結果を見て愕然《がくぜん》としたらしい。「奨励金の貸与については、今後、梅沢君の実態調査を資料にして実施するように」。そんな異例の訓辞が、担当者に対して行われた。

梅沢は、農民組合に所属する家庭の子弟を大学に入れたいと努力した。しかし、ほとんどの人たちは中学校を卒業していないから、大学に入る資格がない。そこで、中学校を卒業していなくても入れる岩倉鉄道学校に進学させて、ゆくゆくは鉄道関係の仕事に就かせられるよう奮闘した。この頃、資金を受け取った者は鉄道学校のほか大学、専門学校、中学校をあわせると年間四十七人に達した。それまでは、せいぜい十五、六人だったというから、梅沢の奮闘ぶりが、ここにもうかがえるような気がする。

梅沢は慕われていた。資金を貸与され、遠い地で勉強していた子どもたちは、帰郷すると梅沢の家に三十日間も逗留することがあった。だが、その後日談を聞くと、人の心のさまざまな姿形がうかがわれる。

この資金を受けて大学を卒業した人たちは、その後、梅沢とは没交渉である。交渉があるのは、岩倉鉄道学校を卒業した人ばかりである。

部落の家屋や道路を改善する事業は大事だ。しかし、それで事足れりとするわけにはいかない。それだけでは「部落」が「新しくなった部落」となるにすぎない。梅沢はそう考えて、啓蒙運動に立ち向かうことになった。

昭和五年から八年ごろにかけて、差別意識をなくすための組織、「融和青年同盟」と女性組織「わかばの友の会」の啓蒙機関紙「聖戦」を刊行した。発行人は梅沢で、経費は県が負担した。昭和九年から十年ごろ、「聖戦」の名を「三重県社会事業」とかえ、県社会課から発行することになった。未解放部落の青年、一般部落の青年が一堂に会して、解放のために語りあい学習しあう泊まり込みの講習会も、月に一度ぐらい、各地区で開いた。三月十四日の国民融和の日には、「融和青年同盟」「わかばの友の会」のメンバーがトラックに乗り、街頭での演説、ビラ配布に繰り出した。

県の役人の服務規定によって、県の仕事をする時に部外者の指導をあおいだり相談したりすることは禁じられていた。しかし、梅沢の真骨頂は役人ではなく反抗者であることだ。彼は、新田彦蔵やおやじに、万事、相談した。

梅沢の記憶によると、梅沢が「融和青年同盟」をどう指導していくかについて、おやじの意見を求めたとき、おやじはこう答えたそうだ。

「梅沢君。部落解放運動第一主義であってはならないんだ。部落解放の活動をしている青年のなかに、農民運動、労働運動に関心をもっている人がいれば、君は、そうした運動にも参加するよう指導していかなくてはならない」

いわれてみて、梅沢はガツーンと頭を殴られたような気がしたそうだ。梅沢の運動の弱点を、おやじは端的に指摘し、こう言葉を継いだ。

「しかし、今、君にそれを全面的に押しつけることは無理だ。今すぐ実践しろとは言わない。そんなことをしたら、君が難しい立場に追い込まれることは必至だ。ただ、私が言ったことを心に止めておいて、もし機会があれば、青年たちにそう伝え、導いてほしい」

後半、おやじの声は柔らいでいた。梅沢は「植木君。ありがとう」といった。

梅沢はいつも、おやじを「君」づけで呼んでいた。本当は十五歳も年が違うのに、「植木君と僕とは、せいぜい二、三歳の年の差だろう」と考えていたのである。

ともあれ、梅沢は当時を回顧して、おやじが「かくあるべきだ」という原則論ばかりを振り回すのではなく、言葉を選び、心やさしく、なすべきことを説いたことが懐かしいという。全国水平社に結集した闘士たちのなかで、こうしたやさしさ、このように情をもって事を説いた者は、梅沢にとって珍しかったそうだ。

徹誠のエピソード

おやじが栗谷で日々を過ごしてから半世紀たったわけだが、その半世紀前のおやじの言葉を記憶してる人が、今、栗谷にたくさんいる。五十八年夏、私たちが栗谷を訪問したとき、当時はみずみずしい青年だった古老たちが「徹誠さんに、こう教わった」と、実に正確に記憶を再現してみせてくれた。

あるお年寄りは、こういった。

「県議選のときだった。徹誠さんは、こう説いてくれた。百姓の生活のことは百姓でなければ分からん。木こりのことは、木こりでないと分からん。坊主に鎌や斧や鋸のことを聞いて、何が分かる。地元の者を当選させなければ、地元のことを議会に分からせることはできん」

また、別のお年寄りは、こうも語った。

「栗谷の曹洞宗・霊符《れいふ》山大陽寺《さんたいようじ》で月に一回、青年たちが五分間演説の会を開いた。私も出ることになったのだが、何を演説したら良いか、ほとほと困った。考えあぐねて常念寺を訪れ、徹誠さんに相談したら、徹誠さんは、こう話した。君は、仕事しながら自分で考えたことを演説しなければならん。ひとに作ってもらった原稿を暗唱し演説しても、それは本を朗読するのと同じようなものだ。教えてもらったことを話すのではなく、生活しながら考えたことを話せ、と」

おやじの言葉だけでなく、おやじの実行力を、しっかり覚えていてくれる人も多い。

こういう記憶を語ってくれた人がいる。

「私は蚕《かいこ》を飼っていました。ところが、本来なら組合を通じ、一括して売らなければならないのに、事情があって単独で売ってしまいました。それがもとで組合を追われ、途方にくれたすえ、徹誠さんに相談したら、徹誠さんは組合の幹部と膝づめで話をつけてくれました。あの時は嬉しかった」

（上）常念寺の徹誠一家。左から妻いさほ、母まち、長女真澄、等、父和三郎、徹誠。（下）約半世紀後に同じ所に立つ等。

旧荻原村の七、八か寺が一緒に托鉢していた時期がある。その頃、おやじと行を共にした老僧はいう。

「旧荻原村の村長が地元の仏教団に、どうしたら村民の心を掌握できるか、相談したことがある。仏教団は、こう答申した。先祖供養を忘れてはいけない。仏教団としては布施は貰わずともよい。無料で経をあげる。この答申を、徹誠さんは大層喜んで、あれは良いことをいった、と繰り返しいっていた。当時は、どこの山村も貧しくて、食べかねる家もあったから……」

この老僧によると、おやじは「肌ざわりの良い人」だったそうだ。にこやかに、おだやかに話す様子が、息子である私と似ていると、老僧がまじまじ、私の顔を見たときには、私としては恥ずかしくもあり嬉しくもあった。

ただ、その老僧が「徹誠さんは大逆事件の幸徳秋水が開いていた私塾の第一回卒業生だったと聞いています」といったのには驚いた。どのあたりから出たものかは分からないが、この荒唐無稽な噂が半世紀も訂正されないまま、信じ続けられていたのだから、噂というやつは怖い。

北出南見広友之丞

芝居には、たいてい脇役というのがある。脇役は、場面場面に彩りを添える。あのわれわれの栗谷生活にも、脇役はいた。しかも、この脇役は大変な個性派で、私も真澄も、思い出せば未だにドキリとする。

その脇役、自称、北出《きたで》南見《なんけん》広友之丞《ひろとものじょう》という。大層、仰々しい名前だが、本名は北出菊松といって、別段、どうということはないのだ。なんでも、この広友之丞の親類の人たちによると、どこかの役所の人が「北から出て南を見よ」といったことから、「北出」と「南見」をセットにしたそうだ。広友之丞という役者のような名前の由来は、どうも分からない。

南見はおやじより年長だった。小柄、小太り、毛髪は短く、声が大きい。そして、その体軀から漂う雰囲気は独特のもので、ちょっと表現するのが難しいのだ。たとえば、往年の政治家、大野伴睦を思い出してもらえば、大体、察してもらえるかもしれない。もし、南見という人物を役者が演じるとするなら、ハナ肇あたりが適役だろう。

南見は満州浪人だったそうだ。思想的にはおやじとは正反対の「右」である。のちには満蒙開拓青少年義勇軍の参加者を募集する仕事もしていたらしい。なかなかのおしゃれで、洋服を着ることもあったが、ふだんは着流しか、黒い袴をはいていた。それで木刀を持ち、胸をそらせて畦道を歩いている。

この南見が、ちょいちょい常念寺に来た。「ご院主《いん》さんよう。わしはなあ」などといって、議論をふっかけてくる。おやじは、南見を呼び捨てだ。「南見、貴様は！」という具合で説教する。「貴様のいうことは理屈が通っていない。子どもだって、もうちょっと、ちゃんとしておるぞ」。南見は南見で、「そんなら、ご院主さん、聞くけどなあ」と、食ってかかる。おやじが「それは南見、こうこうこういうわけだ」という。そして最後は、南見、おとなしくなって帰って行った。

怖かったのは、おやじの留守中に南見が来るときだ。山すそから寺への細い道を南見が登ってくるのが見えると、母親と私と真澄の三人は、本堂の裏へ身を隠した。やがて、南見が庫裡のあたりに来て、「奥さーん、奥さーん」と、叫ぶ。いつまでたっても南見が立ち去らないので、やむなくおふくろが出ていくと、「奥さん、酒ないか」などという。私たち子ども二人は、息をころし、身をひそめているので、南見が酒を飲んだかどうか、現場は見たわけではないけれど、子ども心に南見の姿を想像したところでは、イワシの丸干しを火鉢に突っ込んで、かじっている、という感じだった。

あの頃、南見は普通のお百姓とは違った立ち居振る舞いをしていた。しかし、たぶん生計は山稼ぎのような仕事によって立てていたのだと思う。

戦後は、諸国遍歴もやめて栗谷に帰り、ブローカーをしていたそうだ。山を売りたいという者がいれば、あちこち走り回って買い手を探し、商談がまとまれば双方から手数料を貰う。それも「くれるだけでいい」という調子で、無欲だったというから、人は見かけによらないものである。

おやじより偉い人がいた

あの頃のおやじには、子どもの眼からすれば疑いもなく日本一の貫禄があった。とにかく偉大だった。そびえ立っていた。木刀を片手にした元満州浪人を「貴様、南見」と叱る姿に、私たちは溜飲を下げた。しかも、それどころではない、小学校で天長節とか四方拝とかいう式典があれば、おやじは必ず来賓として招かれるのだ。そして、その座る場所は、村長、駐在のお巡りさん、医者などより上座だった。おやじが腕組みをして、ちょっと胸をそらせた姿は、これはもう天下一品だった。

ところが、この偉いおやじよりも、もっと偉い人間がいるということが分かって、がっくりしたことがある。

妖怪映画のロケーションに使えそうだった常念寺が改築されて、ある日、入仏式が行われた。その日は、近隣在郷の僧侶が本堂に詰めかけた。私は「どこからこんなに頭の丸い人間が湧いてきたのだろう」と、あっけにとられていた。

突然、「御連枝様《ごれんしさま》のお着きー」という声が本堂に響きわたった。と、本堂にいた僧侶たちが全員、ばらばらっと階段の下に駆け下りて、左右二列に分かれ、土下座するではないか。ああ、なんということか。しかも、その土下座組のなかに、おやじもいた。御連枝様というのは、法主の一族のことである。その、まあいわば貴人が静々と通っていく。おやじが土下座している。この日本には、おやじより偉い奴がいたのか、ということが分かったのは、あの日だった。

栗谷の生活風景

私がお経を覚えたのは、この栗谷時代である。小学校に入る前からおやじに教えられ、小学校一、二年のときにはおやじと一緒に檀家回りをしていた。

おやじと一緒に行った檀家で、お粥をご馳走になったことがある。そのお粥は、茶粥といって番茶で米を炊いたようなものだ。生まれて初めて見たから驚いた。一口、食べてみる。「ン？　なんだこれ」と、思ったけれど、おやじをそっと見ると、平然とした表情だ。「このお粥は、なにかの間違いで番茶を煮しめたものじゃないんだな。もともと、こうしたお粥なんだな。これは、僕も平気な顔して食べなきゃいけないな」。そう思って、私は食べた。

茶粥のおかずといえば、野菜の煮物、お新香、この二つだけだった。京料理の朝粥のような、しゃれたムードはなくて、これがぎりぎり、せっぱ詰まった、って感じの食事だった。しかしそれでも、お寺さんがいらっしゃる、というので精いっぱいのもてなしなのだ。心をこめた上等の食事なのだ。「ン？」といっては相すまない。

栗谷の人たちは信仰心が厚く、寺の住職を尊んだ。丹精をこめて作った野菜の初物や新米を届けてくれた。柏餅、おはぎの時季には、檀家が競うようにして持ってきてくれた。

おやじは、檀家からいただいた食物を大事にした。なにかの葉でくるんだ餅が籠いっぱいになり、食べても食べても空にならなかったことがある。とうとうカビが生えてきたので、「もう捨てた方がいいんじゃないか」と家族がいうのだが、「とんでもない」といわんばかりに首を横に振り、火鉢の網の上に乗せて一個一個、根気よくあぶっては食べていた。

本名を何というのだか、当時、ツルさんと呼ばれていた行商人が、自転車でイワシの丸干しやアジの開きを売りに来た。

「ツルさん。この間のイワシの丸干しは塩っぱかったなあ」などとおやじがいうと、ツルさんは「いや、売れないから、日もちするように塩を十分きかせとかないとね」

といった。

お百姓たちは、自分のところの田んぼや畑から取れるもの以外は食べないという勤倹節約の生活をしていた。だから、ツルさんが干物などの行商をしても、そうたやすくは売れなかったのだ。当時、ツルさんは塩をきかせるだけきかして、少々売れなくても腐らないようにしていた。塩鮭などときた日には、とにかくもう塩っぱいのなんのって。信じられないくらいだった。一口食べたら一口水を飲むという具合だった。今になって、あの塩っぱさが生活そのものだったのだなあと思い当たる。

役者・植木等の芽ばえ

私は幼い頃から芝居をしたり、舞台に立って喝采を浴びたりするのが好きだった。雀百まで踊り忘れず、とはうまいことをいったものだ。私にしても、栗谷時代に覚えた雀の踊りを未だ忘れず、とうとう芸能人になったといえるのである。

常念寺に通じる山道のかたわらに、一軒の民家があった。その家のおばさんというのが、たいへんな掃除好きとみえて、いつ行っても、たいていは掃き掃除、拭き掃除をしている。てきぱきした仕草が、小気味よいばかりなのだ。

私は、とくに拭き掃除をしている時の格好が面白いと思った。雑巾をバケツの水で濯《すす》いで絞るのだが、ぎゅっと絞る時、雑巾の飛沫が着物の裾にかからないよう、おばさんは、ひょいと尻を後ろにひくのである。ぎゅっときてひょい、というタイミングが絶妙で、私はいつも、つくづくおばさんの仕草に眺めいっていたものである。そして寺に帰ると、おやじやおふくろに、おばさんの「形態模写」をやってみせた。おやじたちは「等の観察眼は大したものだ」と、えらくほめてくれた。

小学校の学芸会で、私が剣舞を舞うことになった。わが家は大騒ぎだ。母親と一緒に宇治山田のおもちゃ屋まで行って刀を買った。白い着物は、寺の白衣《はくえ》を使えばよい。袴も、どこかで調達できた。白衣に袴、白襷《しろだすき》、腰には刀、右手に日の丸の扇子。あっぱれ、若武者の凛々しい姿だ。おやじが、詩吟を口ずさみながら振りつけをしてくれた。

いよいよ学芸会の日になり、出番がきた。蓄音機の詩吟にあわせて「白虎隊」をソロで舞ったら、満場、やんややんやの大喝采だ。観客にうける、という芸能人の快感を、あの時、初めて味わったといえるかもしれない。

学芸会のあとは、「白虎隊」の衣装を「怪傑白頭巾」に使った。袴を脱いで白い帯をしめて白い布で覆面をすれば、白頭巾ができあがる。その姿で本堂の屋根に上り、刀を抜いて「怪傑白頭巾だあー」といったら、母親が下から「こらあ、下りて来い」

と怒鳴った。母親の他にも何人か屋根の白頭巾を見上げている人たちがいて、こういう人たちは拍手しながら「ようよう」なんてはやしたてるものだから、私としては下りるのが惜しい気もした。しかし母親がやはり怖いので、怪傑気取りから我にかえり、そろりそろりと屋根を下りた。下りながら、一瞬、地上を見て、よくもまあこんな高い所に上ったたな、と思った。足元がすべる。瓦がガタガタ音をたてる。そろりそろり、つるりつるり。白頭巾も形なしだった。

「怪傑白頭巾」の時代物から、ぐっと現代風になって、ピアノの伴奏で歌を歌ったこともある。

当時の栗谷小学校は、荻原小学校の分教場だったらしい。小学校一年のとき、この分教場の全学年から、たった一人、私が代表に選ばれ、本校の荻原小学校の学芸会に出て歌を歌うことになった。

そもそも、その時のいでたちはといえば、グレンチェックの上下ダブル服、赤の蝶ネクタイ、ハイソックス、医者がはくような横ボタンの革靴と、まるで東京は銀座で磨きあげたモダンボーイの小型判である。田舎の子といえば、わら草履か、せいぜいゴム靴をはいていた頃だ。この私のファッションを見ただけで、本校の諸君はダウンした。

等の兄、植木徹。

私が歌った曲は「おきゃがりこぼし」だった。私には生来、舞台度胸があるらしく、一向あがらなかった。

私が一年に入ったとき、兄の徹は六年生だった。成績抜群で級長をつとめ、胸に緑色の房をぶら下げている。ハーモニカの名手でもあって、「アルルの女」なんかを、うっとりとするようにうまく吹く。色浅黒く、喧嘩は学校随一だ。子どもの世界では、誰も刃向かう者がいなかった。

ちょいちょい先生が、うちに来た。「徹さんを、暫く休ませてくれませんか。あの子が学校に来ると、学校へ行きたくない、という子が、いっぱいいるものですから」という。登校させろではなくて、登校させるなというのだから変な話だ。仕方がないから、兄貴がずっと家にいたこともある。

翌年、徹が名古屋にある浄土真宗系の尾張中学へ進んだ。徹がいなくなると、私の毎日はひどいことになった。江戸の仇は長崎でというのか、兄貴の仇は弟でというのか、とにかく私の顔を見かけると必ず殴る、という上級生が多勢いるのである。今度は、私が学校へ行きたくなくなった。しかし、「行かない」などと、おやじにいおうものなら、叱られるだけだということは目に見えている。泣く泣く、意趣返しの身代わり覚悟で通学した。

そんな連中のなかで、唯一人、私を殴らなかった上級生がいた。彼は、おだやかな性格で、意趣返しなど考えもしなかったのだ。現在の大陽寺住職である。さすがに生涯、仏の道に進む人は違ったものだと、今でも感心している。

大陽寺といえば思い出すのは、花祭りの日に飲ませてもらった漢方薬のような、甘くない甘茶と、おだやかな現住職の顔である。

徹誠、御木本幸吉と再会す

この栗谷時代、おやじは御木本幸吉に再会した。関東大震災の日、日比谷公園で幸吉がおやじを無礼者呼ばわりしてから、八、九年は過ぎていた。

その日、常念寺改修のために幸吉からなにがしかの寄付をせしめようと、おやじは伊勢湾を一望する朝熊《あさま》ヶ岳の別荘に幸吉を訪ねた。こうしたときには、いつもおやじは演出効果というものを考える。幸吉も鬼面人を驚かして快哉を叫ぶタイプだが、おやじも、人の度胆を抜くことが大好きだ。山道を登りつつ、幸吉と会う場面をどんな具合にアレンジするか、考えたに違いない。

おやじから聞いたわけではないが、再会の場は、こんな風だったのではないかと想像している。

おやじが別荘の玄関に立つ。

「頼もうー」

「どーれ」

大音声で呼ばわると、まず玄関に幸吉の雇い人が現れる。あえて、おやじは名を名乗らずに、「ご主人にお目にかかりたい」などと来意をつげる。次いで、幸吉が現れる。東京では袴を着用し、いささか堅苦しい幸吉も、ここ伊勢では和服にモンペ姿でくつろいだ感じだっただろう。そして、その風貌は過ぎ去った歳月に相応して、枯れていたと思う。おやじは、眼前に立つ幸吉に走り寄り、その手を握りしめたいほどの懐かしさを覚えたにちがいない。

しかし、ここはやはり、あらかじめ心に決めてきた通りに舞台を運ばねばならない。饅頭笠と長い杖を左手に持ち、手甲脚絆、白衣を着用した体を幸吉に向けて、ゆっくり折ったあと、おやじは、すっと背筋を伸ばし、静かな目で幸吉の顔を見つめる。幸吉は、けげんそうに沈黙し、まじまじと、この異形の来訪者を見つめる。そして、しばらくして――。

「植木……」

幸吉の表情に驚きの、次いで懐かしさの色が浮かんだはずだ。そりゃそうだろう。あの大震災の年、おやじは作業服か書生っぽい着物を着ていた。それが今、旅の僧、である。驚いて当たり前だ。

おやじは幸吉の表情を見てとり、内心、「やったぞ」と、喜びの声をあげたに違いない。だが、その喜びは無論、おくびにも出さず、あくまでも俗塵を厭う世捨て人、一夜の宿を所望する旅の僧という趣でたたずんでいたのではないか。

この時、おやじは寄付を頼んだというよりも、どうやら強要したという風だったらしい。そして幸吉も、その強要めいた頼みに唯々《いい》諾々《だくだく》として従ったようだ。いわば幸吉は資本家、おやじは社会主義者として解雇された労働者である。二人の間に、ぎすぎすした空気が漂ってもよいはずなのだが、そんなことには決してならないのである。もともと、二人の間に角《つの》突きあわすような感情などはなかったのだ。

幸吉は、なんといっても郷里の偉人である。その一挙手一投足、その片言隻句《へんげんせっく》に、えもいわれぬ味わいがある。少年の日々、私のおやじたちが間近に見た幸吉は、頑固でいて、しかも渋い情愛をあわせもっていた。

幸吉が夕方、ふらりと工場にやってきて、「真珠の仇をとろう」ということが、時々、あった。そんな時には、若いおやじたちは歓声をあげた。鰻は真珠貝を食う。鰻は真珠貝の仇である。その仇をとるということは、幸吉が皆に鰻を振るまってくれる、ということだ。鰻は平素、なかなか口にできない御馳走である。鰻のうまさに舌鼓を打つたび、幸吉の人気はあがった。

私のおやじは、若い時も老いてからも、幸吉を「おやじ」と呼んでいた。面と向かって「おやじ」などというわけはないが、私たちや友達と話すときには、幸吉はいつでも「おやじ」だった。今でも、たいていの職場では、社長や部長を「おやじ」と呼んでいるようだけれど、あれは、この国の職場の人間関係が家族主義とか家族制度とかを映しているからだろう。おそらく、御木本の従業員たちが幸吉を「おやじ」と呼んでいたのも、そんな事情があってのことだと思う。ただ、いえることは、幸吉という「おやじ」は、数多くある「おやじ」の中でも、最も「おやじ」らしい「おやじ」だったということである。彼は、雷おやじ、頑固おやじ、そして頼りになるおやじだった。

私のおやじは、戦後、仕事場の壁に幸吉の肖像写真を掲げていた。帽子をかぶり、マントを羽織り、杖をついた上半身の写真である。本来なら、マルクスの写真を掲げてもおかしくないのに、朝夕、眺めていたのは、資本家・幸吉の、口をへの字に結んだ顔だった。

とまれ、幸吉の前に異形の男が立っている。その男の生き方を、その時、幸吉は認めていたのではないかと、私は想像している。というのも、いくら頑固な人物でも、齢を重ねると人間に丸みがでてくるものだからである。まして、一度は自分が手塩にかけた男、自分に逆らった直情径行の男が目の前に立っているとなれば、幸吉が驚きと懐かしさでメロメロになっても不思議ではない。

それに、明治という、幸吉が生まれ育った時代の雰囲気がある。かりに自分の気にくわない思想であっても、相手が天下国家のためにその思想を奉じているとなれば、決して、その思想を軽侮したり揶揄《やゆ》したりはしなかっただろう。幸吉は、私のおやじが僧衣をまとうようになったいきさつを深いところで理解してくれていたと思う。その点、明治は、おやじが社会主義運動をしたために「国賊」といわれた昭和の時代と、ずいぶん違っている。私のおやじが、御木本の「おやじ」から得た寄付金は、そうした人間関係の証しだった。

徹誠といさほ

幸吉とおやじの人間関係に触れたついでに、ここでおやじとおふくろの関係について話しておきたいと思う。夫婦の間の機微には、その二人がたとえ親であっても、なかなか分からないところがある。私や真澄の記憶を、もう一度組み立て、その記憶の意味を自分たちの人生経験のすべてを動員して探っても、なお解釈しきれない部分が残る。しかし、ともあれ、思いつくままに話せば……。

おやじは亭主関白だった、と私は思う。あれだけおふくろに苦労をかけていたのだから、一言ぐらい「すまないね」といってもよさそうなものを、ついぞ、そんな気の利いたことは言わなかったような気がするのだ。真澄の話では、おやじがおふくろの髪の毛をつかんで、本堂を引きずっていたことがあったという。末っ子の真澄のいうところでは、彼女はおやじに決して殴られなかった。そのかわりに、おふくろが殴られていた。真澄はずいぶんおやじを誇りにしているけれど、この点についてだけは、おやじに対する評価が厳しい。絶対、おやじを許せないという。おふくろに対するあんな仕打ちは、人間として、男として、なすべきことではないという。

おやじが、いくら革命だ、主義だといっても、所詮、彼も時代の子、明治生まれの男である。そしてその時代の気風は、男女同権などとは、まるで無縁だった。だから、現代の物差しで、こうした夫婦喧嘩を裁いたら少々酷だとは思うのだが、しかし真澄のいうことには一理ある。真澄のいう通りだ。

私にも、おふくろに対するおやじの横暴ぶりに憤りを覚えた記憶がある。あれは、おふくろが亡くなったあとだった。おやじが私の前で、私を生んでくれたおふくろのことを「あいつは馬鹿だったから」といった。何が人間平等だ。なにが人間解放だ。あまりにも、おふくろの人格を無視した言い方ではないか。私はよっぽど、おやじを張り倒してやろうかと思ったが、それには、おやじも年をとりすぎていたので、やめた。

その後、私自身も年をとった。おやじの後を追って、私も老いに近づいている。最近になって時折、おやじが言葉にはしなかった胸のうちを、遅ればせながら今、覗いたな、と思うことがある。あるいは、今まで忘れていたおやじの言葉を急に思い出すことがある。

おやじは、おふくろのことを「馬鹿」といった半面で、「あれは本当に竹を割ったような気性だった。曲がったことのできない生一本な人間だった」と言っていた。おふくろには、たしかに柔軟性というものが、みじんもなかった。寺の長女であるというプライド。いまさら、子どもを連れて里には帰れないという、負けん気。なんでこんな人と一緒になったのだろうという悔恨。そんなさまざまな思いに、おふくろは耐えていたのである。しかも、不器用に耐えていたのである。その妥協のない姿が、おやじの目には「馬鹿」とも「生一本」とも映ったのかもしれない。

おやじがおふくろを軽んじ、ある時には殴りさえした、という記憶が私と真澄の胸の底に、こうして長い間、わだかまってきたのだが、そのわだかまりが今夏、いくらか溶けた。伊勢を再訪して、おやじ夫婦についての昔話を聞くうちに、われわれ子どもたちの目には映らなかった徹誠といさほの夫婦像が見えてきたのだ。

私は前にも言ったように、おやじを亭主関白だと考えていた。しかし、おやじの「闘友」である西中六松は「植木さんの家は、かかあ天下だった」というのである。

「植木さんも、いさほさんには、ぼろくそにやられていたな。そりゃ無理もない。社会運動をする人間は、口が達者でも行動が伴わない。万事、することがのろい。いさほさんは、植木さんに、きついこと言ってましたよ。自分の家の者も食べさせられない人間が、世の中の貧しい人間に食を与えよなどと、何を思い上がったことを言っているのですか。それじゃ、うかがいますがね、うちの家族は食べられているのですか。賽銭箱からいくばくかをくすねているような人が、人のために尽くすの献身するのと、

徹誠の思い出を語る等と西中六松。昭和 58 年 7 月。伊勢で。

まあ、あきれたもんだ。いさほさんが、こんなことをぽんぽんいうと、植木さんばグーの音も出ない」

六さんから、この話を聞いた時、私も真澄も大笑いした。ああ、きょうは何という良い話を聞いたことだろう。そう思った。暴君だとばかり信じていたおやじが、おふくろにやり込められている姿を想像して、私たち子どもの心が、バランスを回復したわけである。

考えてみれば、おふくろがおやじをやり込めても一向、おかしくはないのである。五十八年夏、栗谷を訪ねた時、ある人が「うちの父親は、しょっちゅう、お寺の奥さんは偉い人だといっていましたよ」と、話してくれた。常念寺に制服警官が来ると、おふくろは凛《りん》として「主人が拉致《らち》されなければならない理由がない」と言い、警官を見据えたというのである。その警官が後で「あの奥さんにああ言われて、一言もいい返せずに帰ってきたよ」と、近所の人に話したことから、「お寺の奥さん」の武勇談は広まったらしい。また家宅捜索に来た警官たちが土足のまま家に上がろうとしたら、おふくろが「靴を脱ぎなさい」と叱りつけ、警官たちも靴を脱いだという話を聞いた。そんな気丈なおふくろだから、おやじを尻に敷いても、思えば当然のことなのだ。

おやじたちの夫婦喧嘩については、おやじの妹婿である佐藤保造から、こんな話を聞いたことがある。おやじが東京・神田五軒町に住んでいた頃だ。おやじは深刻な顔をして、佐藤に「もう別れる。月島の、いさほの伯父のところへ行って別れ話をしてきてくれ」といった。佐藤が、いわれる通り月島へ行って、かくかくしかじかというと、いさほの伯父はいった。「夫婦喧嘩は犬も食わないというのに、あなたは若いから、その犬も食わないものを食っている」。佐藤が叱られて帰り、そのまま放っておいたら、いつの間にか夫婦喧嘩はおさまって、おやじ夫婦は仲良くなっていたそうだ。

四　徹誠、治安維持法違反で投獄される

三宝寺説教所に移る

さて、栗谷に一家が移ってから四、五年たった。

歴史年表をひもとくと、昭和が一けたから二けたに移ろうとするこの頃は、やたらにニュースが多い。ホームラン王のベーブ・ルースら、アメリカの職業野球団が来日した。湯川秀樹が中間子論を発表した。美濃部達吉の天皇機関説が攻撃され、とうとう美濃部が貴族院議員辞任に追いこまれたのも、この頃である。国際社会では、ドイツでヒトラー内閣が成立して、ファシズムが着々と勢力範囲を拡大していた。

山また山の山寺にいながら、おやじはけっこう、こうした世間の動きを、自分の運動を通じて感じとっていた。

ある日、「闘友」の西中六松と、全国水平社三重県連委員長の新田《にった》彦蔵《ひこぞう》が、おやじ

を訪ねてきた。三人は、六さんのおごりで一緒に郭《くるわ》通いをした仲である。時候の挨拶も儀礼的な口上も、一切ない。いきなり、六さんと新田が用件を切り出した。この栗谷の常念寺を出て、度会《わたらい》郡四《し》郷《ごう》村大字朝熊《あさま》区（現在の伊勢市朝熊町）の寺に転居しろというのだ。「なぜだ」と、おやじがたずねると、栗谷よりも朝熊の活動の方が重要になってきたからだという。「よし分かった。行こう」。おやじは即答した。

おやじは、転居すると腹を決めた。しかし檀家に、転居のわけをどう説明したら良いものやら、ほとほと困ってしまった。結局、名古屋の中学校にいる長男の徹が、常念寺の後継ぎになるのは嫌だというから、などと理屈にならない理屈をつけて檀家の人たちに説明した。善男善女、キョトンとしていたが、おやじが転居するというのだから、どう仕様もない。

新田の紹介で、朝熊から中西長次郎、山本粂次郎、西井平七の三人が挨拶に来た。三顧《さんこ》の礼、ともいうべき丁重な招きである。

昭和十年五月、いよいよ転居の日である。

栗谷から朝熊への距離は遠い。トラックで荷を運んだ。しかし、小俣の西光寺から朝熊へは大した距離ではないから、西光寺に預けてあったタンスなどは大八車で運ぶことになった。西井平七兄弟と区長の三人が来て、小俣から朝熊までの砂利道、よいしょよいしょと車を曳いてくれた。

あれは引っ越しの前日だった。学級の教壇に、先生と私が立った。先生がいう。

「等君は、きょう限りで皆さんとお別れです。等君、みんなにお別れの挨拶をしなさい」

そういわれて、私は困った。だいたいは、こうした高い所に立つのが好きなのだが、あまり切実な愁嘆場は苦手だ。それで、ごく簡単に「みなさん、さようなら」といった。だが、級友はその挨拶に満足せず、「おい、どこへ行くんだ」と迫ってくる。かといって答えようにも、おやじに行き先を聞いてないから答えようがない。万事窮して、たまたま教室のガラス窓に視線を移したら、窓越しに山が見えた。そこで答えた。

「あの山より、ずうっと向こうです」

級友たち、驚いた様子で、「へえーっ、遠いなあ」と、いった。

転居先は、三宝寺の説教所だった。この地区の指導者格だった住職が昭和五、六年に亡くなってから、ここはずっと無住寺である。寺は、道路から石段を十段ばかり上がったところにあった。転居の前年、今でいう同和予算、当時の部落改善応急施設費というような予算がついて改築していたために、本堂も庫裡も、しっかりした造りだった。

新田彦蔵たちは、おやじに栗谷から朝熊への転居を勧めた際、「栗谷で説教しようとすると手甲脚絆の旅姿で山野を駆けねばならんが、朝熊なら、ゴーンと寺の鐘をひとつきするだけで、たちどころに檀家が集まる」と、殺し文句をいった。たしかにここでは、寺の階段のあたりから朝熊川の川べりにいたる地域に、ぎっしりと家が並んでいた。これなら、説教はまとめてできる。

おやじが鐘を本当に鳴らしたかどうかは分からないが、ともあれ三宝寺に着いた日、早速、檀家の人たちを本堂に集めた。おやじは、こういって挨拶した。

「私は死人の供養に来ましたが、同時に、生きている人びとの良き相談相手になるつもりでもいます。おたがいに友達同士として、困ったこと、苦しいこと、なんでも相談にきて下さい」

おやじは、死者の供養を大事なことと考えていた。しかし僧侶の仕事は、葬儀屋の助手をつとめることではないとも考えていた。「現実社会に生きる人間の、たった今の救済、つまり衆生済度《しゆじようさいど》こそ親鸞の思想である」という立場だった。引っ越し初日の挨拶が、だから、こういう挨拶になったのである。事実、朝熊の人たちは長い間、あまりにも過酷な「現実」を強いられてきていたのだった。

歴史家で、妹真澄の夫でもある川村善二郎は、この朝熊を幾度となく訪れ、過酷な

「現実」を丹念に拾い集めて、いくつかの調査報告をまとめている。ここで、彼が書いた「ファシズムと部落差別・三重県朝熊部落のたたかい」(雑誌「部落」一九六八年三月号所載)などを参考にしながら、朝熊区がたどってきた苦難の道がどんなものだったかを述べておきたい。

朝熊《あさま》での北部差別に憤る

四郷村大字朝熊区は、伊勢と志摩の国ざかい、朝熊ヶ岳の北のふもとに位置している。朝熊ヶ岳の上には金剛證寺《こんごうしょうじ》がある。昔から「伊勢へまいらば朝熊をかけよ、朝熊かけねば片まいり」と歌われ、伊勢神宮参拝者のほとんどが、この朝熊区を経て金剛證寺への山道を登ったという。

朝熊区の真ん中を朝熊川が貫流している。もともと朝熊区は、行政区画からすれば一つなのに、この川を境にして地域は南北に分かたれ、南は一般部落、北は未解放部落とされてきた。

この南北間の差別の実態がどんなものだったかを示すために、川村は、たとえば「四郷各区の概況」(昭和二十一年七月調査)をあげている。なるほど、それを見ただけで、すべては一目瞭然である。南部の住民のなかで、生活の不安定な山稼ぎをして

朝熊川と出口橋。左側が北部。昭和 36 年撮影。

いる人は二、三割にすぎないのに、北部の住民の場合、山稼ぎは八、九割も占めている。さらに、耕作面積の南北格差ときたら、これはもう大変なものだ。南部百九十一戸で田地七十一町、畑地十三町もあるのに、北部百三十七戸では田地六町、畑地二町にすぎなかった。文字通りの、桁違いである。

しかし、数字を見るまでもなく、朝熊の町並みに立ち入りさえすれば、差別は一目瞭然だった。

私たちが朝熊に移った当時、朝熊川にかかる出口橋の上に立つと、川の左右の家並みは、まるで違っていた。南部では、道幅が広く、屋根も高い。北部では地面が堤防より低い。家々は狭く密集している。道路は狭いうえに曲がりくねっていて、その道路に家々の便所が突き出している。手押しのポンプ車がようやく通れるだけの幅がある道は、朝熊川の流れに沿っている一本だけだ。川が氾濫すれば、多くの家が床上浸水し、あらゆる道が水の底に沈んだ。たとえ川が氾濫しなくても、雨が降り続けば、急傾斜した裏山の山肌を伝って水が地区に流れ入り、必ず床下浸水、道路冠水が起こった。

目を開いて見さえすれば、差別の現実は疑うべくもなかったはずである。誰の目にも、現実はまざまざと見えたはずである。しかし、この南北の風景の格差が、南北の朝熊の人たちの目にいつの間にか馴染んでしまっていたのかもしれない。後年、おやじは、ある雑誌の座談会で、朝熊の北部の人たちが、あまり差別されていることを感じていなかったと語っている。差別する側だけでなく、される側にも、差別が見えないことだってある。

北部の活動家であり、村会議員でもあった中西長次郎と、ある日、おやじが連れ立って歩いていた。南北を分ける朝熊川の出口橋を渡っていると、橋の向こうから南部の村会議員がやって来た。橋の上ですれちがう時、中西は向こうの議員を「さん」づけで呼び、丁重に挨拶した。ところが、南部の議員は「長次《ちょじ》公《こう》」と、中西を呼んだ。「公」というのは、「おい、おまえ」といった感じの、人を見下した言葉だ。

おやじは憤慨した。通りすぎようとする南部の議員を「ちょっと待て」と呼びとめ、中西にも「君も、こっちへ来い」といって、三人は橋のたもとで話し合った。「なぜ、長次公などと言わなければならないのか。これは明らかに差別だ。村会に出すぞ」「中西君、君も、長次公などと呼ばれて、差別されたとは感じないのか」。最初、二人は、おやじにそう言われて唐突な、意外な思いをしたが、そのうち、言われていることの意味が分かった。

この経験は、中西にとって忘れ難いものになった。中西は、後進の人たちに繰り返し、「植木さんに、えらく叱られてなあ」と語った。中西ほどの活動家にも、当時、差別が見えなかったのである。

四郷小学校で、妹の真澄が差別されたことがある。

転校直後のこと、真澄の机が教室の隅に置かれ、体操にも参加させてもらえなかったのだ。おふくろが、担任の先生に抗議したら、先生は権柄尽《けんぺいずく》だった。ところが、なにかの話のきっかけで植木一家が未解放部落の出身ではないことが分かると、先生の態度はころりと変わった。

「奥さん、あそこ（朝熊区北部）のことを知ってて、引っ越してきたのですかね」

おふくろが「知っています」と答えると、先生は「あそこは、うさんくさい連中の集合地ですよ」などと、言いはなった。

「自分が部落民でないと考えることが、すでに部落民を差別していることだ」と、おやじが考えていたことはすでに述べた。おふくろから事情を聞いたおやじは、真澄が部落民の子ではないと分かったとたん、先生の態度が変わったからといって、とうてい先生の態度を見過ごすつもりにはならなかった。おやじは同志とともに、この先生を糾弾するため北部の区民総会を開いた。全国水平社の新田彦蔵や上田音市も、相次いで糾弾にやって来た。この真澄が、というよりは朝熊北部が差別されたことに対する憤激が、後で述べるように、「全国水平社二十年の歴史の最後を飾った」といわれる「朝熊闘争」再開の一つのきっかけになったのである。

おやじは、差別に対してはピリピリと反応する感受性の鋭い闘士だった。しかし、のどかな日和に、お年寄りや子どもと談笑して時を過ごすことも好きだった。幸い、三宝寺の説教所は北部の町並みの真ん中あたりにあった。お年寄りたちが寄り合う場所として格好である。平素、語られることの少ない話が、この寄り合いのなかで語られた。たとえば、あるお年寄りが、こんな思い出話をした。

「以前は、畑で取れたナスやキュウリを売りに行く時、旗を立てなければならなかった。そして、一般部落の百姓の売り値よりも、うんと安く売らされた」

おやじは、そんな話を聞くと、身をふるわせ、目に涙をあふれさせた。その後、檀家から、おはぎがお供え物として届くと、そのうちの一部を伊勢神宮の神職をしている親類の家などへ届けることがあった。次に会ったとき、親類の者が「おいしかった」というと、おやじは「あれは朝熊の檀家からの物ですよ」といった。親類たちは、嫌な顔をしたそうだ。おやじにしてみれば、差別観にとらわれている親類をからかう気持ちもあったのだろうか。

当意即妙の実践家

おやじは、西光寺や常念寺で、町の子ども相手によく話しこんだだが、ここ三宝寺でも、いわば日曜学校のようなものを開いて、近所の子どもたちの人気を博していた。

黒澤明監督、三船敏郎主演の「椿三十郎」という映画があった。どこかの奥方が主人公に「御姓名は」ときく。主人公の浪人が、ひょいと庭を見たら椿の花が咲いているので、姓は椿。年齢が三十だから、名は三十郎。で、「椿三十郎でござる」という。

おやじの話も、日本昔話みたいな整ったものではなく椿三十郎風で、思いつくままだった。「御院主《ごいん》さん、その男、なんて名前や」と、子どもにたずねられれば、「へちまぶらりの助だ」などと、適当なことをいっている。話しているうちに疲れてくると、「きょうはここまで」と話を打ち切ってしまう。それでも、子どもたちは、やんやと拍手して、また来週ということになる。

話の読きを聞きたいというので、次の週、子どもたちがおやじの前に集まり、固唾《かたず》をのんで待っていると、おやじは「どこまで話したっけなあ」と聞く。子どもたちが口々に、こうしてああしてこうなって、とおさらいをしたところで、おやじは「ああそうかそうか、そこまで話したか。よし」といって、そこで次の筋立てを考えるのだ。こんな話を一か月、二か月と続けて、しかも子どもたちを飽きさせなかった。

お年寄りには、おやじは地獄や極楽の話とか親鸞の一代記とかを歯切れの良い東京弁で説いた。

しかし、青年たちに対しては、様子が違った。毎晩のように十七、八人の常連を集めて、ソビエト革命、フランス革命の話をした。必ず、日本でも社会が変わるといい、あと三十年たてば、皆の賃金はインフレのせいもあって、一日千円になるといった。当時の日当は八十五銭だったから、青年たちは信用しなかった。「しかし、徹誠さんの話は本当になった」。当時、三宝寺に集まった常連の一人、西井平七に五十八年の夏、会ったら、彼はそういっていた。

昼間、お年寄りに地獄と極楽の話をし、夜になると青年たちに革命の話をするとは、おやじの頭は、どうなっていたのだろうと考えてしまう。だが案外、おやじにとっては、こんなことは当たり前だったかもしれない。

おやじの弟、保之助が以前、こんなことをいっていた。

「若いころ、御木本の工場に行くと、兄貴は讃美歌を歌っていた。次に会った時は、ちょっと外へ出ようと、普選演説会に連れていかれた。その次に会ったら、労働歌を歌っていた」

そして保之助が、もしこの頃、朝熊に来ていたら、昼に経を唱え、夜にはインタナショナルを口ずさむおやじの姿に、また驚いたことだろう。

キリスト教、社会主義、親鸞主義と、おやじが次々、思想・信条を変えてゆく時、あまり深刻な内面世界の相克などはなかった様子だったと、いう人が多い。たぶん、そうだっただろうと思う。おやじの関心事は、いつも現実社会の人間だった。その人間に熱烈な思いを注いでいる思想・信条に出合うと、おやじは頭から丸かじりするという具合に、その思想・信条を腹中におさめた。潔癖な理論家ではなくて、おおらかな実践家だったのだと思う。

朝熊闘争の歴史

実践家、植木徹誠の真骨頂を示した「朝熊闘争」の顚末《てんまつ》について、ここで話しておきたい。この複雑な「闘争」の経過や意味を正確に知るには、おやじが朝熊に来る以前のいきさつから述べておく必要がある。例によって、川村善二郎の研究に力を借りながら経過を追うと、こういうことだった。

江戸時代の伊勢国の絵図を見ると、朝熊村は一つの村として描かれている。どこにも、別に北部があるようには記されていない。また、北部の先祖といわれる権兵衛が南部の出身だったということも、はっきりしている。第一、その屋敷跡が今も南部にあるのだ。氏神である相生神社の祭礼や猪狩りなどの共同作業にしても、北部の住民は村民として、ずっと参加してきた。つまり、江戸時代以降、身分上の差別はあったものの、朝熊は古くから行政区画としては一つだったのである。

明治五年にできた朝熊村の戸籍（いわゆる壬申《じんしん》戸籍）も、南北をまとめて一冊にしている。そこでは、南北の別なく、全住民が相生神社の氏子とされているのである。徳川時代の身分差別の制度を廃止する、とした太政官布告（解放令＝明治四年）の結果、南北の全住民は平等に、朝熊村民として登録されているのである。

それにもかかわらず、南北間の差別は消えなかった。差別は朝熊村が四郷村朝熊区となっても続いた。なぜか。川村は、その本当の理由は、朝熊区の区有財産にあったという。

次に、その区有財産のことを説明しておきたい。

朝熊区には「朝熊千町歩」と呼ばれるほどの広大な区有山林があった。見渡す限り豊かな緑、といった山なみだった。

明治五年、朝熊村は政府から、村の持ち山として、土地の所有を証明する「地券」の交付を受けた。明治二十三年には、総代持ちとして南部の住民代表三人の共有名義で登記された。しかし、朝熊区民の総有という実態に変わりがない。その後、山林はたびたび南部住民に分譲されたが、それでも大正末年に区有山林は約三百六十町歩（三六〇ヘクタール）あった。

ところが北部の住民は、この区有山林へ入ることを黙認されることはあっても、山林の共同利用とか収益配分とかからは、まったく排除されていた。山林の譲渡を受けたこともなかった。南部の方は、山林の所有権が昔から南部の住民にあり、北部の住民にその権利を認めたことはないと主張してきたが、果たして、そういえるだろうか。少なくとも北部の住民は、区民全体の総有関係にある山林だから、南北の住民は、平等に入会権《いりあいけん》を持っているはずだと考えた。

大正十五年、この問題に火がついた。

当時、四郷村は財政的な基盤を固めるために、各区の区有財産を村有財産として併合することにした。明治三十八年以来、県内各村の区有財産の統一を進めてきた三重県の指導に従ったわけだ。しかし、朝熊区は統一に賛成しない。なにしろ、村内各区の中では群を抜いて広大な山林、莫大な財産を持っているのである。統一とは、その富を失うことにほかならない。朝熊区の反対で、二度にわたった村の話し合いは不調に終わった。

結局、区有山林のない区は現金を、区有山林のある区は山林を出すことになったようだ。また朝熊区のように飛び抜けて区有山林の多い区は、そのうちの半分以上を「縁故者特売」の名目で区民に譲渡することにしたのである。ただし、特売を受けたのは南部住民百四十一人だけで、またまた、北部は排除された。

この区有財産の処分のやり方は、北部の人たちにしてみれば、がまんならないものだった。それまで山林の共同利用や収益配分から、のけ者にされてきたうえに、今度は「縁故者特売」への参加も拒否されたのである。しかも、区有財産の処分は南北平等に、と抗議しようにも、それが難しくなっていた。なぜなら、区有財産は合法的な手続きを経て、法律上、なくなっていたからである。われわれにも区有財産をと主張しようにも、その区有財産がもはや存在しない。

ここで考えておかなければならないのは、あれほど区有財産の統一に反対していた朝熊区南部が、なぜ最終的には統一に応じたかという、その理由である。川村は、この点について、全国的な解放運動の展開があったからだと、時代背景を次のように説明している。

全国水平社が結成されたのは、大正十一年だった。水平社を中核にして、部落民の人権を主張する差別糾弾闘争が燃えさかり、やがてそれは労働者や農民の運動と結びつく方向をたどった。

三重県下においても、水平社と日本農民組合（のちに全日本農民組合と合同して全国農民組合に改組）が一体となって、激しい闘争を展開しはじめていた。朝熊区では、北部の青年たちが、区長選挙、区会議員選挙での選挙権、被選挙権がないことや、区有財産をめぐる権利関係から排除されていることに疑問を抱き始め、なぜこうなのかと四郷村の村長に質問して村長を面食らわせるまでになっていた。「この調子では、北部の住民が水平社と連絡して、われわれ南部に対する糾弾闘争を起こすようになるかもしれない。そうなってしまっては、区有財産の処理も思うようにできなくなるだろう。今のうちに区有財産の統一をすませ、北部側が抗議しようとしても抗議できないようにしておく必要がある」。たぶん南部側は、このように判断し、区有財産の統一を急いだのではないかと、推測されている。

北部の住民は、この区有財産問題をきっかけにして、とうとう憤懣を爆発させた。昭和二年二月十六日夜、朝熊区会所で例年のように区民総会が開かれた時、北部の住民が、どっと押しかけ、われわれも総会に出席させろと主張した。この総会は、一年間の予算などを決める重要な会合なのに、従来、南部住民だけが参加し、北部住民の出席は認められていなかった。その総会への出席要求である。南部住民は驚いた。参加させろ、いや駄目だ、と押し問答が繰り返され、乱闘寸前の険悪な事態になった。あわや乱闘、となって、宇治山田（現在の伊勢市）の警官隊が区会所に駆けつけてきた。警官は北部の住民に「解散しろ」と迫る。さらに、北部の指導者格の五、六人を警察に呼び、「検挙するぞ」と圧力をかける。

この時の北部住民の要求は、七項目にまとめられている。一項目ずつ読むと、権利を剝奪された北部の人たちの口惜しさ、憤りが伝わってくるようだ。

一、朝熊区会議員の選挙権、被選挙権を認めよ。

二、朝熊区長および区長代理者の選挙に参加させよ。

三、区長代理者は北部から選出せよ。または代理者を一名ふやして北部から選出せよ。

四、区の総集会・幹事会に北部の代表者を出席させよ。

五、区有財産よりうまれる収益の配分を北部をふくむ全住民におこなえ。
六、区有財産のなかで最大の区有山林の処分法について、北部の代表者を協議に参加させよ。
七、近く処分される区有財産の売り払い公入札のさい、北部もこれに入札させよ。
この要求に対して、朝熊区長が回答した。内容は次のようなものである。
一、区会は現在ない。
二、三、区長代理者をふやすことは、法律の改正があれば反対しない。
四、区の行政について一般の問題には北部の代表者の出席を認める。
五、六、七、財産の処分は昔からの慣例によって行ってきたもので、慣例に基づく権利者の自由を妨げることはできない。
つまり、行政上の一般的な事柄については北部の要求を認めないわけではないが、こと区有財産に関しては、昔から南部住民の権利となっているのだから、いまさら北部住民の言い分を認めることはできない、ということである。

朝熊闘争、教訓を残す

北部の闘争は、もう一つの展開を見せた。

北部の青年たちは、自分たちの憤懣をどのようにぶつけ、対策を立てたらよいか、迷った。なかには裁判に持ち込もうという意見もあったが、経験もないし裁判費用もない。思いあまって、青年層の中心になっていた山本粂次郎が、右代表として松阪町の日本農民組合を訪ねた。

三重県下でも当時、日本農民組合、水平社、合同労働組合などが母体となって労働農民党三重県支部連合会が設立され、労働運動、農民運動、水平社運動の指導と組織の拡大に努めていた。山本の相談は真剣に取り上げられ、間もなく朝熊区北部に「労働農民党四郷支部」が作られた。また「朝熊区有財産関係者団」が結成されて四郷支部、関係者団の両者の名前で、次のような決議が行われた。

「――われらは、人間の上に人間なく人間の下に人間なきこの天地の真理にたって、精神的物質的に絶対の解放を期す。

ながいあいだ迫害と侮蔑をたえしのび、おとなしく良き日のくるのをゆめ見ていた、その代償として、ばく大なる区有財産に対し、悪らつきわまりなき一部区民のため、われらの権利はまったくじゅうりんされている。この暴悪なる行為にたいし、徹底的に糾弾し、絶対平等の権利を要求する」

この決議を掲載した「朝熊区有財産問題の真相―横暴きわまる川南区民の差別行為

と区有財産の横領事件」という一枚刷りのビラが発行され、「被圧迫民衆諸君」にあてて配られた。共産主義グループの合法機関紙である「無産者新聞」も、朝熊闘争のあらましを記事にし、「兄弟に勝利あらしめよ」と全国的な支援を呼びかけた。さらに、昭和二年に広島で開かれた全国水平社の第六回大会でも、地方自治体内の差別事件の例として朝熊区の差別問題が報告された。

こうして、朝熊闘争の広がりは県下に、やがて全国に及んできた。南部側は、この様子を見て、いつまでも駄目だ駄目だと拒否の回答を繰り返していたのでは、運動を激しくするだけだと考えたらしい。そこで、南部側が譲歩案を示した。「区有山林の約半分を譲渡せよ」という北部の要求に対して、「約三町歩を譲ろう」と妥協したのである。しかし、北部側は承知せず、交渉は暗礁に乗りあげてしまった。

ここで出てきたのが、宇治山田警察署長の上野芳松である。上野は北部の代表に対していった。

「実力で解決しようとするな。権利の主張なら裁判に持ち出せ。頼みなら礼を尽くせ」。そして一方、南部側には三町歩という回答を十町歩まで増やせと勧めた。北部側が「この仲裁案には承服できないから、県庁に相談してみる」というと、上野は怒って、「おれの仲介を反古にして県庁に行くのなら行ってみろ。おれは取り締まりをどんどんやる」といきまいた。

昭和五年八月六日、南部の住民代表十一人と北部の住民代表五人が、四郷村村長の西野幸吉、宇治山田警察署長の上野芳松の立ち会いのもとで「協定書」に調印した。「協定書」の内容は、概略、次の通りだった。

「北部の住民は北部についての行政を自ら執行する。北部住民の存立の必要上、ならびに風紀改善に要する費用の財源として、現金一千円と山林数町歩などを、南部側から無償で譲渡する」

「——大字朝熊の川南部にある、いわゆる共有財産と称せられるすべての財産に関しては、北部住民は従来なんらの関係もなかった。また、将来においても権利を主張するなど、いっさい関与することはない」

この「協定書」のねらいは、はっきりしている。つまり、北部を朝熊区から突きはなし、別の「区」として行政事務をとらせようではないかということだ。南部側は、この区制上の縁切りの代償としてわずかの現金、山林を出すことにしたのである。

この「協定書」調印に際して、上野は文面を弁護士に見せ、代表者には住民の委任状を用意させた。法律上の問題が生じないよう、周到な準備をしたのである。一方、北部の代表は、「協定書」の内容がよく理解できないまま、「現金と山林をやるから判を捺せ」といわれ、その通りにしたと伝えられている。だから、北部住民の間には「あの協定書は強制書だ」という声があった。また、「合法的かもしれないが合理的ではない」と、口惜しがる声も聞こえた。

この闘争は、警察権力の介入によって事実上、北部の敗北に終わった。しかし、不毛の闘争だったというわけではない。川村によれば、闘争は北部住民に幾つかの教訓を残したのである。

まず第一、差別に対して、これまで泣き寝入りしたり喧嘩したりするだけだったのが、今度は権利意識にめざめ、組織を作って闘ったという経験をしたこと。

第二、自分たちの生活を破壊し、貧乏におとしいれている最大の原因が差別であり、その差別の中心が行政上の差別、区有財産をめぐる差別であることを認識したこと。

第三、自分たちを差別している者が単に南部の住民だけではなく、行政機関から警察にいたるまで差別をささえているという現実を見てとったこと。

第四、この差別糾弾闘争を通じて、北部の青年層が部落解放をめざす活動家として成長をとげたこと。そしてまた、若い活動家たちが、部落を解放するためには北部住民が総力をあげて闘うことはもちろん、一般の労働者や農民の運動とも手を結ばなければならないと、理解したこと。

しかし半面、この闘争には欠陥もあった。南部の貧しい農民と連帯できなかったことだ。南部のある農民が、南部側で相談した話の内容を北部の人にもらしたために、南部の中で村八分同様の仕打ちをうけたことがあったという。封建的な気風の色濃いところでは、一口に連帯だ団結だといっても容易ではなかった。

ともあれ、区有財産問題に決着がついた。いや、無理矢理つけさせられた。北部の人たちはおおむね、言葉少なになった。ガックリした。しかし、憤懣が消えたわけではない。それは、北部住民の胸の奥深くに沈み、長い間、くすぶり続けることになったのである。

消費組合を結成する

北部の人たちの、こうした失意のなかで、何人かの若い活動家は、それでも闘志をかき立て、事態の突破口を求めて試行錯誤を繰り返していた。

彼らの中心は、山本粂次郎、中西長次郎である。二人にとっても幸いだったのは、昭和七年ごろから全国農民組合（全農）の三重県連合会書記として県内の農村を回っていた梶田《かじた》茂穂《しげほ》に接触できたことだ。

中西の家で梶田を囲む読書会が、しばしば開かれた。山本と中西は「赤旗」などを

朝熊消費組合販売事務所設立記念の写真。昭和９年８月。

資料にして、天皇制と部落差別との関係や部落解放への道筋を勉強した。梶田は中西に、大衆を組織し、生活を高める手がかりとして生活協同組合を作るように勧めた。

昭和八年、三重県下の活動家に対する大弾圧があり、梶田、山本、中西は検挙された。中西は釈放後、ただちに消費組合を結成した。昭和九年の春のことである。

ところで、梶田の所属する全農三重県連は、当時、全農全国会議派（全会派）の一つの拠点だった。全農全会派は、全農本部の合法的方針に反対する左派が別に作った組織である。その初代委員長には、全農・全水の指導者である三重の上田音市が選ばれた。全会派は、それまでの小作争議だけでなく、山林解放や飯米獲得から、借金・税金・電灯料の問題にいたるまで、農民生活にかかわるあらゆる問題を取り上げ、要求実現のための組織づくりを指導していた。

全農全会派のこの方針は、昭和八年の全国水平社第十一回大会にも反映した。そこでは、部落大衆の生活要求を取りあげ、その要求に見合った組織を作ること、さらにこの戦術を駆使して、部落大衆の闘争を労働者と農民の闘争に結びつけ、天皇制に対する闘いに発展させていくこと、という「部落委員会活動」の基本方針が決められたのである。

全国水平社は、この新しい運動方針のもとに大きな前進をとげた。全水三重県連でも、委員長の新田彦蔵らが組織の建て直しに努め、弾圧の傷をいやしつつ活発な運動を再開した。昭和九年十一月の「水平新聞」に「モリモリと三重県下にて部落委員会活動おこる」とあるのは、この間の事情を伝えたものである。また、昭和十年五月の全国水平社第十三回大会で、新田は全水三重県連の発展ぶりを「勢力は旧に倍せんとしている」と報告した。

いささか長話になってしまったが、以上が朝熊闘争前段階のいきさつである。おやじは、まさにこの時期、朝熊区北部にやってきたのだった。常念寺で新田彦蔵、西中六松がおやじに語ったことは、この闘争の経過であり、おやじが決意したことは、ひとたびは挫折した朝熊闘争を再び燃えさからせようということであった。

朝熊闘争再燃す

一触即発というのは、ああした状況をいうのだろう。おやじと私たち一家が朝熊に越したとき、三重県の全水・全農が、しっかりした組織活動をしていたこともあって、北部にはマッチ一本で火の燃えさかる可能性があった。現に、行政上の問題はおろか日常のハプニングまでが、区有財産、区制問題に対する闘争をかきたてたのである。たとえば――。

昭和十年、県が北部を経済更生地区に指定した。山本粂次郎、中西長次郎らは、こう考えた。「北部が経済的に更生するには、土地が必要だ。しかし土地は南部に奪われて、北部にはない。こうなれば、あの強制書ともいうべき協定書を再検討するほかはない」。山本、中西らは新田彦蔵とも相談して、闘争再開を決意した。

前に述べたように、私の妹真澄が、四郷小学校で差別されたことも、この闘争の火に油を注いだ。差別をした先生を糾弾するための区民総会が北部で開かれたのをきっかけにして、区有財産、区制にかかわる差別に対する闘争をもう一度やろうと、みんなが心を固めたのだ。

おやじが朝熊に来て二か月後の昭和十年七月、「朝熊区制差別糾弾闘争委員会」が作られた。本部は三宝寺で、会合には仏壇に向かって右側の部屋が使われた。また同じ月、「北部区民総会」の名で、十七個条にわたる要求書を四郷村長の山口林造、朝熊区長（南部）の川口寅吉に宛てて出した。さらに、「北部住民一同」の名前で、全区民を代表しない川口区長の即時辞任を要求した。

十七個条の要求のうち、主なものは次の通りだ。

一、南北全区民の総会を開いて、区長・区長代理・評議員を改選せよ。
二、区政に関する機関の規約などを、全区民に知らしめよ。
三、区の出納簿・協議費の出納簿を公開せよ。
四、旧区会の議事録を見せよ。
五、区の協議機関に参加せしめよ。
八、区の古文書・歴史の文献を見せよ。
十一、土地の売買貸借の制限を禁止せよ。
十二、小作会に参加させよ。
十六、共有財産の所有権利を平等にせよ。
十七、昭和五年の協定書を第三者立ち会いで説明せよ。

必死の思いで書いた要求書だったのだろうが、翌月、南部側は拒否の回答をしてきた。区有財産の問題も、区制の問題も、すでに例の「協定書」で解決ずみだというわけである。

この段階で、北部側は「住民一同」の名によって「四郷村民諸賢にうったえる」という文書を発表した。「われわれの日本人権をうばう南部区長その他と、日本人権を奪取するまでたたかう」とある。

九月になって、北部住民は百十人の連名で三重県知事と内務大臣あてに「陳情書」を送り、それぞれが積極的に善処するように求めた。

県としても、こうなると事態を放置しておくわけにはいかなくなった。十月、社会課の係官を朝熊に派遣して、四郷村と朝熊区の幹部から事情を聴き取らせた。その事情聴取を通じて、南部側には、もはや北部側と一緒にやっていく意思がないことを確かめたのである。その結果、県は北部側総代の浜口清太郎にあてて「本問題の解決には、相当時日が必要のようですから、対立的にあたろうとせず、自重して円満解決の方策をとるようにしたい」という回答を送ってきた。まったく誠意がないと、おやじたちはがっかりした。

弾圧と闘いながら

南北間に打開の糸口がなく県もなすべきことをなさない、という状況が続いたところへ、同十年十一月下旬、神戸の摩耶山で人を殺した無政府主義者二見敏雄の事件を端緒とする検挙が行われた。朝熊にも検挙の手が伸びて、北部の山本平重が十二日間、中西長次郎が七日間、勾留された。おやじも、ちょうどおふくろが入院中であったためか、検挙こそされなかったが四日間の監視つきとなった。

たぶん、この検挙は朝熊の場合、川村善二郎が推定しているように、区有財産、区制をめぐる闘争を潰すために行われたのだろう。二見敏夫の事件と朝熊闘争の間には、もともと何の関係もなかったのだから、そう考えるほかはない。

翌十一年春、またまた弾圧があった。今度は前回とは、ちょっと毛色の違った弾圧だった。北部の住民二十数人が伊勢神宮林に入って盗伐したというので、宇治山田の憲兵隊に召喚されたのである。しかし、これも変な話だ。昔から、北部住民は、その山に入って燃料用の木を伐ったり、宇治山田の人たちに頼まれて神前のサカキ、仏前のシキビを届けたりしてきたのである。なにを今さら、と北部の人たちは思った。執拗な弾圧だと考えた。

この頃、北部の人たちには、まだ弾圧をはね返す気力があった。「水平新聞」に広告を掲げて、「一九三六年を自由奪還にたたかふ」と謳いあげ、全国の同志たちに自分たちの健在ぶりを伝えたのだ。

また、全国水平社総本部も、朝熊闘争を大事な闘争であると評価して、常任委員の井元麟之《りんし》を派遣した。井元は、朝熊に泊まりこんで三重県連の新田らとともに闘争の指導に尽力した。全農県連も朝熊支援を正式に決め、全面的な協力関係が結ばれた。

朝熊の差別問題は、当時の帝国議会でも取りあげられた。昭和十一年五月、衆議院議員に当選して、まだ間もない全国水平社委員長、松本治一郎が、内務大臣に質問し、こういったのである。「これほど深刻な差別事件を知りませぬ。事実を疑いたいくらいであります」。

十一年の九月、松阪に、県内三十部落から百十二人の代表が集まり、朝熊闘争支援を決議した。この集ま

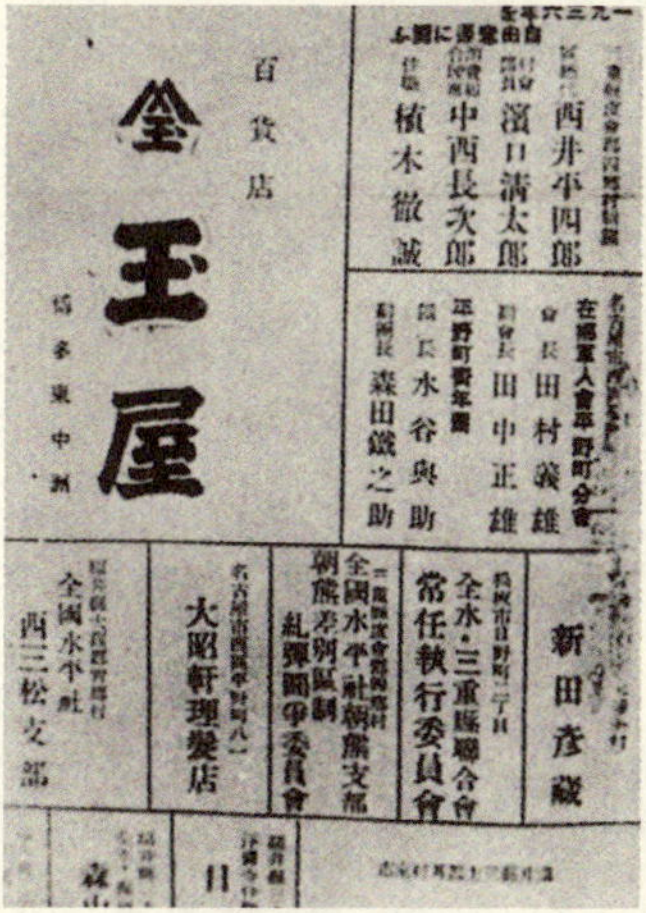

昭和11年の「水平新聞」に載った朝熊闘争の広告。徹誠の名もある。

りに、松本代議士とおやじが列席し、約八百五十人の聴衆に向かって、それぞれ演壇から獅子吼した。

昭和十二年になると、朝熊闘争は、さらに全国的な注目を浴びることになる。その年の三月、東京で開かれた全国水平社第十四回大会は、朝熊闘争支援を決定し、問題解決を内務大臣に強く迫った。その結果、内務大臣から三重県知事に通達が出され、それを受けて県社会課長が解決私案を北部側に内示する運びになった。私案は、四郷村の村長の意見をもとにしたもので、あの「協定書」と同じように南と北を引き離し、「見舞金」を出させようというものである。闘争委員会は即座に拒否し、再度、山林を北部側にも分譲するよう要求した。

朝熊区北部は当時、労働運動、農民運動とも、しっかり手を結んでいた。

昭和十二年六月、三重県津市にある岸和田紡績津工場の男女約四百人が、待遇改善を叫んで市内の都座に籠城したことがある。この争議を、社会大衆党県連準備会、全水、全農などが指導し、支援した。朝熊区北部もまた、籠城する争議団と共同闘争を約束した。スト破りの一団が争議団めがけて押しかけたとき、争議団の籠城する建物の壁に、大きく、こう書かれていたそうだ。

「たたかう苦しさは一つ・朝熊の兄弟をすくえ」

昭和 11 年、松阪で開かれた朝熊闘争支援集会。2 列目中央のひげの人物が松本治一郎。松本の左後ろが徹誠、右後ろが西中六松。

紡績工場の「兄弟」たちは、見事勝利をおさめて組合結成に成功した。その勝利が、北部の住民を励ました。

全水の三重県連も、朝熊の闘争委員会も、朝熊問題の解決は目前だと考えて総力をあげた。

十二年六月三十日、県社会課主催の融和懇談会が宇治山田で開かれた。ところが、社会課長の答弁が、どうも煮え切らない。そこで、懇談会を部落代表者会議に切り換え、全水の全力をあげて問題解決に進むことを確認した。

出席者は、そこから朝熊の三宝寺に移り、三宝寺で演説会を開いた。活動家が次々に立って団結を訴えているとき、一人の北部住民が、この演説会を区民総会に切り換えようと動議を出した。演説会は変じて総会となった。

この総会で、おやじは議長に選ばれた。おやじが出席者の意見をまとめた結果、南部側の区長、村会議員、および村長を訪問して交渉しようということになった。訪問隊がその場で選抜され、派遣された。

ところが、帰ってきた訪問隊から会見の顚末を聞くと期待外れというほかはない。議長のおやじがこう発言して議事を締めくくった。

「いかに南部側に誠意がないかが分かった。われわれは、最後まで結束して闘争すべきである」

そのあと、さらに闘争委員会が開かれて、この夜の集まりが終わったときは、すでに十二年七月一日になっていた。

同盟休校作戦

北部側は、ここで新たな闘争を開始した。同盟休校である。「差別問題に対する四郷村の山口林造村長の態度がはっきりしない。具体的な発言を避けているとしか思えない。われわれを差別する村の小学校に児童を登校させることはできない」。こう通告して、七月三日、まず高学年三十七人を、さらに五日、全学年児童百四十二人を、いっせいに休ませた。

六日、県視学、村長、校長らの説得を受けて区民総会が開かれ、そこで同盟休校を打ち切るかどうかが討議された。しかし県、村、南部とも誠意を見せないというので、目的達成まで休校は継続することになった。この休校は六日間も続いた。

この同盟休校のとき、北部の子どもたちを毎朝、引率したのは、おやじの「闘友」である六さんだ。先生たちを口惜しがらせるために、六さんは、わざと児童の隊列を引き連れて学校の前を通り、すぐ近くの神社の境内へ行った。子どもたちは「要求が通るように」とかしわ手をうった。若いときには、あばれ者だった六さんは、子どもたちから「先生」と呼ばれて、ずいぶん気を良くしたものだという。

全国水平社の県連は、県下の支部に指令と檄を飛ばして、資金カンパなどの支援を訴えた。また七月中旬、北部は全水の総本部から派遣された松田喜一を迎えて特別対策委員会を開き、県内の兄弟部落に支援を訴えることを決めた。さらに北部住民は手分けをして遊説隊を編成し、兄弟部落へと出かけていった。

県内の各部落もまた、この訴えによく応えた。部落ごとに懇談会を開いたり区民総会を開いたりして朝熊闘争を支持する決議をし、その決議文を県知事あてに送って「朝熊問題を早期に善処せよ」と要求した。

朝熊北部の支援依頼に呼応した部落は、川村善二郎の調査で二十六か所まで分かっているそうだ。一方、内務省の資料によると、三十三か所で演説会を開き、八十一円あまりのカンパを集めたとある。おそらく、全水の指導のもとで、県下のほとんどの兄弟部落が朝熊闘争を熱烈に支持していたのである。

この頃、熱情的な役人、梅沢京路は融和行政の担当から軍人援護の仕事の方に回されていた。庁内でナップ（全日本無産者芸術連盟）の運動をしていたことが特高の耳に入り、危険のない方に配置転換されていたのである。梅沢ができることといえば、だから、資金カンパしかなかった。

その頃、県庁職員の定数は約四百六十人で、そのうち七十人近くが梅沢らの組織する文化サークルに加わっていた。梅沢はサークルのメンバーからカンパを募って、三、四回、三宝寺に持って行った。多い時には、その額は十二、三円にものぼった。そのたび、おやじは震える手で梅沢の手を握りしめ、肩をたたいて言った。

「ありがとう。ありがとう。梅沢君、よくやってくれた」

梅沢が帰るときは、おやじも三宝寺の前の小さな空き地まで見送った。

「梅沢君。大丈夫なのか。こんなにカンパしてくれて、君に負担はかからないのか」

おやじは繰り返し、そういった。他の人たちも丁重に梅沢に礼をいいつつ三宝寺の石段を下り、細い路地を連れ立って歩いて梅沢を見送った。それから半世紀近い歳月が流れたのに、梅沢は、今もまざまざと当時のことを思い出すという。「あれは同志愛というのだろうか。肉親以上の愛情を、私たちは互いに胸中、抱いていた」。

艶やかなエピソード

こうした社会運動の隊列の上に翻る旗は常に真紅だが、その隊列に加わる人たちの実生活は常に必ずしも真紅とは限らないようだ。時には桃色に、つまり艶やかに彩れることだってあるに違いない。梅沢が明かしたところでは、こんなこともあった。梅沢が、県土木課の女性タイピストと旅行したことがあった。芸者が家に訪ねてきたこともあった。梅沢は律義である。男女の間の間違いは、おかさない。しかし妻君にしてみれば、あんまりだということになる。妻君、つむじを曲げた。

そもそも、梅沢の妻君は、こうしたことにヒステリーを起こすような女性ではない。元来、沈着、剛胆なのである。その証拠に、こんなことがあった。

共産党幹部の小椋《おぐら》いさむという人物が三重県に派遣されてきたとき、梅沢の家の二階六畳の間に寝泊まりしていた。某日未明、特高が玄関の戸をドンドンとたたき、踏み込んできた。梅沢の妻君が特高に応対した。

「そんな人は知りません。うちの人は県庁に勤めています。そんな人とは関係ございません。無論、うちにはいません」

特高が引きあげたあと、小椋は押し入れからビラを出してきて「かまどで焼いてくれ」といった。そして、鞄の底から油紙の包みを出した。拳銃だ。小椋は弾をこめ、故障がないかどうか、ガチャガチャと操作し、試した。そんな時にも梅沢の妻君は平然としてみている。

その日は小椋を親しい隣家に預け、翌日の夜には、そこから妻君の実家の蔵に移した。妻君の弟が梅沢の家の前の通りを「火事だ火事だ」と叫びながら二、三度走って近所の注意を外らしたうえで、小椋の手をとり裏通りを走って連れ去ったのである。小椋は一か月半、蔵の中で暮らした。

この細君自体も三、四日、収監されたことがある。祖母が連れてきた乳飲み子に、牢獄の中の細君は平然として乳を与えていた。

こうした場面で沈着な女性であっても、亭主がひょっとして浮気を、と疑ったときには、とうてい沈着ではありえない。

昭和十二年、上田音市が衆議院議員に立候補した際、応援演説のために各地を回っていたおやじが二度ばかり、梅沢の家に泊まった。一度目は朝田善之助と一緒、二度目はおやじ一人だった。その二度目のときに、梅沢の妻君が、例のタイピストや芸者の話を、おやじに話した。最初は笑いながら話していたのに、だんだん気持ちをたかぶらせ、ついに涙を流して切々と訴えはじめた。傍で梅沢が、どうなることかと気をもんでいる。おやじは、妻君にこういった。

「奥さん。男と女とは、違う面があるのですよ。男は社会に出て活動しているし、女は家で子どもを守っているんだ。梅沢さんのことは、一時的な遊びなんだ。奥さんが、そんなことで騒いではいけない。私は梅沢さんを、よく知っている。梅沢さんは、そんな男じゃない」

おやじの話に理屈が通っているかどうかはともかく、妻君、すっかり納得した。

「私も目がさめました」。そういって二階に上がり、寝入ってしまった。一階で、おやじは枕を並べている梅沢に、たった一言、いった。

「僕にも経験はあるんだよ。しかし君、奥さんに知られちゃ駄目だよ。まずいよ」

この時、おやじがいった「経験」とは、何のことだろう。新婚早々、三味線の師匠が新居に飛び込んできて、「あたしって者がありながら」と叫んだことだろうか。だが、あの時の一件は女房の眼前で展開された。あの件を思い出すなら、ひとに「奥さんに知られちゃ駄目」などと説教することはできないはずだ。すると、ついに知られずじまいだった他の「経験」があったのだろうか。

ともあれ、昭和十二年、朝熊の闘争委員会が、えらく複雑になってしまった情勢を分析した結果、要求を差別の根本となっている区有財産問題ひとつにしぼって、裁判所に調停申請を出すことに決めた。

この方向転換を決めたのは、次のような見通しを立てたからだ。

区制差別に対する糾弾ということになると、一般部落対未解放部落ということで、北部側が孤立させられていくおそれがある。しかし、区有財産問題を前面に押し出すことにすれば、山林を持っていない農民や、山林に対する権利をわずかしか認めてもらえないでいる農民ら、貧しい農民全体の共感を得られるに違いない。また、闘争の見通しに不安を抱いている者も、裁判闘争になら安心して参加できるだろう。かりにもし、裁判所が北部側にとって不利な調停を行ったら、さらに差別調停糾弾の闘争を起こしていこう……。

昭和十二年十一月、全農・全水県連の書記として朝熊闘争に加わっていた遠藤陽之助と、北部の中西長次郎が書類を整え、安濃津《あのつ》区裁判所に「小作調停申立書」を提出した。書類には、山本粂次郎他百二十人の名前を連記した。相手は、朝熊区長と山林の名義人である産業信用組合長だ。

南部側は、裁判所の調停には絶対、応じないことを決めた。北部側は、裁判所が申請を正式に受理したのだからと、この調停の結果に望みをかけた。しかし世情は、この望みをかなえるどころではなくなってきていた。

その頃だろう。西井平四郎、浜口清太郎、おやじの三人が県庁に行って、社長課長に行政の姿勢について抗議したことがある。だが、一向らちが明かない。おやじは、知事に面会を申し入れ、会見することになった。約二時間、知事とおやじたちの間で、かなり突っこんだ話がされたらしい。

おやじたちが引きあげる時、県職員であり同志でもある梅沢が県庁から津駅まで見送った。

「なかなか時間がかかることだろう。だが、この問題の理非曲直だけは、はっきりさせておかなくてはならない。そうでなくては、ぼくの任務を果たしたとはいえない」

おやじは、沈痛な面持ちで梅沢に、そう言ったそうだ。その時、おやじはすでに、遠からず自分が検挙されるだろうと予感していた様子だった。果たせるかな、おやじは間もなく検挙された。梅沢も、愛知県庁の中小企業対策担当に追われた。県庁から津駅までの語らいが最後になって、二人はその後、再び会うことがなかった。

梅沢は老齢の今、おやじと自分の青春、自分たちの別離を回顧して、嗚咽《おえつ》することがある。

昭和十二年夏、蘆溝橋での日中両軍衝突に端を発した日中戦争が拡大していた。世間には戦争熱が高まってきた。十月になると、全日本労働総同盟大会が「事変」中のスト中止と戦争支持を決議した。

治安維持法違反で検挙される

翌十三年一月十七日、おやじたち闘争委員会の面々が三宝寺に集まって、この戦争をどう考え、朝熊闘争をどう展開するかについて議論していた。おやじたち大多数は「この際、闘争を徹底的にやらなければならん」と主張する。ところが、おやじの「闘友」である西中六松は大反対である。

「これは国と国との喧嘩なのだ。そんな時に、こんな小さな部落が南北に分かれ、内輪の喧嘩をしていては世間への聞こえも悪い。どっちみち、こんな事変は半年もたてばおさまるだろう。ここはひとつ、一服しようではないか」

ところが、おやじたちは「何をいうか。こんな時こそ闘争の好機だ」といって譲らない。西中は、かっとなって、「おまえら、勝手にやれ。おれは帰る」と言い捨て、自転車に飛び乗り、帰った。

翌一月十八日の朝十時ごろ、闘争仲間が西中宅を訪れて、「おい、昨夜、みんなやられた」と、青ざめていった。情報を集めてみると、前夜、警官隊が北部を急襲して、山本粂次郎、中西長次郎、山本平重、それにおやじら三十八人を検挙したことが分かった。

すでに前年、つまり昭和十二年十二月二十日に、三重県下でも、全国的な人民戦線事件の一環として全農・全水の関係者四十余人が検挙されていた。検挙者のなかには、新田彦蔵、遠藤陽之助、大山峻峰、それから奈良の藤本忠良がいた。みんな、朝熊闘争の指導者たちである。

川村善二郎の研究によると、昭和十三年の三重県下の人民戦線事件検挙者総数八十三人のうち、半数ほどは朝熊区北部の住民だった。また、そのうち治安維持法違反に問われた者は、遠藤陽之助、山本粂次郎、中西長次郎、おやじら数人だけだった。起訴された者の残りはたいてい、戦争についてデマを飛ばしたというので、陸軍刑法違反にとわれたのだった。つまり、朝熊闘争の関係者が狙い撃ちで、あの過酷な治安維持法にひっかかったわけだ。やはり、三重県の人民戦線事件の検挙は、朝熊闘争弾圧を重点にしていたと考えなければならないだろう。

後になって、おやじに聞いたところでは、おやじの嫌疑というのは、いいかげんなものだった。なんでも、檀家の誰かが三宝寺に新聞を持ってきて、ヨーロッパの「人民戦線」について書いてある記事のことを話題にしたら、それがあろうことか、日本での「人民戦線」結成の協議をした、ということになったらしい。こんなデッチあげをするところをみると、川村のいう通り、警察のねらいは本能寺ならぬ、朝熊区北部にあったというしかない。

思想犯として獄中生活をする

私が四郷小学校上級の春だったと思う。先生に引率されて伊勢神宮に参拝する途中、号外を拾った。思想犯検挙者の顔写真が並んでいた。その中に、おやじの顔写真があった。私は級友たちが拾い集めて持っている号外を全部ひったくり、捨ててしまいたいような衝撃を覚えた。

その頃は、反戦思想を持っていたり、おかみに対して批判的なことをいったりするものは、みんな「アカ」であり「共産党」であると後ろ指をさされたものだ。子どもの私でさえ、おやじが思想犯だというので、子ども仲間から「共産党」といわれていた。鬼ごっこのとき私が鬼になると、みんなが「共産党」とはやすのである。初めは意味が分からず、「えっ？　何ていったの」と聞き返したものだが、そのうち、意味が分からぬままに、よほどの悪口なのだろうと感じるようになっていた。

子どもの時にしみこんだものは、いつになっても抜けないとみえる。私が今も理屈ぬきで、もう一つ共産党を好きになれないのは、この幼い頃の経験があるからだろう。

ともあれ、そんな時代だから、思想犯として、おやじの顔写真が号外に載るなどということは、子ども心に耐えられなかった。しかし、そんな私の心を担任の先生は察してくれた。私を呼んで、先生はいった。

「君のおとうさんは立派な人だ。ただ、今のご時世に合わないのだ。進みすぎているのだ」

その先生は眼鏡をかけていて、くりくり頭だったような気がするのだが、そのお名前をどうしても私は今、思い出すことができない。

おやじに対する警察の取り調べは、過酷だったらしい。おやじは若い頃には、あまり当時のことを話さなかったし、私もあらためてたずねる機会もなかったが、晩年になって、ぽつりぽつり拷問を受けた時の話をした。あまりにも口惜しい辛い体験だから、あるいは記憶になまなましいうちは、とても話す気にはならなかったのかもしれない。

拷問には、幅の広い腹巻き様の皮が使われた。その、まだなめしていない皮を胸から腹のあたりに巻き、止め金をガチャッとはめる。見たところ、皮チョッキを着たようになる。そして、そのままの姿で水風呂につけられるのだ。皮は水を含むと急速に縮むので、キリキリと胸が締めつけられ呼吸困難になって、おやじは気絶した。

道場に連れて行かれて、柔道の稽古相手をさせられたこともある。警官が入れかわり立ちかわり、おやじを投げる。おやじが鼻血を出して気絶するまで、この稽古という名の拷問が続けられた。

こうした拷問が、いつ、どこで行われたのか分からない。おやじが話さなかったのかもしれないし、話したのに私がそれを忘れてしまったのかもしれない。

おやじがやられたのか、そうではなくて他の人がやられたのかしらないが、もっと恐ろしい拷問があった。足の爪、手の爪と肉との間に針を刺し、そこに電流を通すのだ。電源のスイッチを入れると、体がガクガク震えたり、ンガッ、ンガッと突んのめるようになったりするらしい。それで「白状しろ、さあ白状しろ」と、いわれる。

朝熊闘争の指導者たちはみな拷問を受けている。おやじの仲間で、山本条次郎の弟山本平重の場合は、踏んだり蹴ったりではなくて、指と指の間にペン軸をはさまれ、ギュッと指を握られる、という簡単なものだ。ところが、これが痛い。三分も続けられれば、まいってしまう。

山本は、獄中で脚気になった。あるとき、立ち上がろうとしても立ち上がることができなくなった。机に手をつき、力いっぱい突っぱるのだが、体が持ち上がらない。このやせた体が、こんなに重いのかと山本は思った。暫くして医者が来て、「今夜はもたんだろう。家へ帰せ」と、看守にいった。不衛生な牢獄、とぼしい食い物。そのあげくの病気。これも拷問の一種だろう。

おやじは、その後、宇治山田、松阪、津、また宇治山田と、県内の警察を転々とし、さらに名古屋の刑務所で服役した。既決、未決を通じ、三年以上は囚れの身だった。

警察から警察へ転々とするのは、悪名高いタライ回しというやつである。東京時代、おやじとともに労働運動をした叔父の佐藤保造も、このタライ回しを経験している。名古屋で、共産党系の文化活動に参加した、という嫌疑だった。勾留期間が過ぎると、荷物をまとめて警察の玄関を出る。出たとたん再び検挙されて、そのまま裏口に回り、また勾留される。しかし、それもだんだん面倒になって、ついには入りっぱなしというこになったそうだ。

どういう事情か知らないが、時どき、おやじが警官の運転するサイドカーに乗って自宅に一日だけ帰ってくることがあった。勾留期間が切れたところで、いったん外に出してもらったのか。または、檀家に問題が生じたから顔を出さなきゃならんとか、うまい理屈をつけたのか。とにかく警官の隣に、ふんぞり返って、おやじが帰ってくる。

ある時、おやじが帰ってきて一人で晩飯を食べていた。おやじの食っていたおかずが何だったかまで、私は覚えている。ちょっと大型のアジの塩焼きだった。おやじは生姜《しょうが》醬油をつけながら、黙々と食べていた。

おやじが帰ってくるなどとは、珍しいことだ。せめて、今夜は家族で一緒に夕食をとりたい。そう思って私は、おふくろに「おとうさんと一緒にご飯を食べたい」といった。すると、あれはどういうわけでそうなったのか、おふくろは私を本堂に連れて行き、殴った。未だに、なぜ殴ったのか見当がつかない。何か理由があったはずなのだが、それが分からない。ひょっとすると、親子そろって食卓を囲みたい、といったつもりだったのに、おふくろは、私がおやじと同じような御馳走を食べたいといっているように誤解したのかもしれない。おふくろに殴られたのは、生涯、あの時一回だけだ。

さておやじは、わが家で食事をすませると悠然と立ち上がって、待っていた警官に向かい、あたかも部下にいうような口調で「おい、それじゃ、ぼつぼつ行くか」といった。その口調につられ、警官が「はい」と答えた。おやじを乗せたサイドカーは、エンジン音を響かせて、たそがれの狭い道を遠ざかって行った。

「戦争は集団殺人だ」

おやじは度胸のある男だったと、つくづく思うことがある。四面楚歌、ということを恐れなかった。いつでも、どこでも、敢然として信じることをいった。

戦争熱が高まっている頃、檀家の人が寺にやって来て、「召集令状がきました。留守宅を、よろしくお願いします」などと挨拶することが、ちょいちょいあった。おやじは、そんな時に、こういった。

「戦争というものは集団殺人だ。それに加担させられることになったわけだから、なるべく戦地では弾のこないような所を選ぶように。周りから、あの野郎は卑怯だとかなんだとかいわれたって、絶対、死んじゃ駄目だぞ。必ず生きて帰ってこい。死んじゃっちゃあ、年とったおやじやおふくろはどうなる。それから、なるべく相手も殺すな」

戦争になると、みんな異常になる。ニュース映画で、褌《ふんどし》一丁の兵隊が日本刀を振りかざして敵の戦車へ向かって突進していく姿を見たことがある。ああいうことをする状態は異常だし、ああいう姿を勇敢とか何とか讃える精神状態も異常だ。しかし、異常だ異常だとはいっても、周りで皆が異常になった時に、それを異常というのは、たやすいことではない。おやじは、その難しいことをやったと思う。

駅頭で出征兵士の壮行式がある時、おやじは特高か、おやじを保護観察する地方保護司かに見張られながら参列することがあった。そんな時でも、おやじは本堂の一隅で、一対一の話をしているのと同じ内容のことをいうのである。「戦争は集団殺人である……」。おやじは、また引っ立てられていった。おふくろは、いつもこぼしたものだ。「おとうさんは、もうぼつぼつ出てこられるか、やっと出てきたか、という時になると、また検挙されるようなことを仕出かすのだから」。

こんなに剛毅なおやじだったが、真澄には自分が連行されていく情景を極力、見せないようにしていた。真澄の記憶によると、おやじが真澄に「納豆を買ってきてくれ」などといってお使いに出す。そして、真澄のいない間に連行されるのである。

ある日、お使いの帰り道で、真澄は二人の特高に左右の上腕をつかまれたおやじと出会った。おやじは「ちょっと行ってくる」といった。その「ちょっと」がいつも、長くなった。

ここで、おやじの「闘友」、西中六松のことに触れたい。

前にも述べたように、西中が「事変中は闘争を一服しよう」と主張して他の闘士たちと衝突し、席を立ったあとで、おやじたちは一網打尽になった。西中は翌朝、この一斉検挙の知らせを聞き、もうすぐ自分も検挙されるだろうと予想した。ところが、待てど暮らせど、特高はやって来ない。「これではまるで、闘争一服などと、官憲の喜びそうなことを言ったから検挙をまぬがれたみたいではないか」と、西中は検挙されないことが不本意だった。まして西中には、同盟休校のときに児童を引率して「先生」といわれ、朝熊闘争を盛りあげたという自負がある。

「警察には警察としての職務というものがあろうが、調べる側には、きちっと調べなきゃならんものがあろうが」

時には他の闘士と意見を異にしたとはいえ、自分だけが検挙をまぬがれたことに憤慨して、西中は、こう警察を難詰した。

西中は警察へ行って、おやじに接見した。おやじは西中の顔を見て、にこっ、と笑った。西中の心にしみるような笑顔だった。西中が煙草を出して、「どうだ」といったら、傍にいた警官が西中に「犯罪者に煙草を勧めるとは何事か。ここをどこと考えておるのか」と怒鳴った。

活動家群像

この頃、三重県では水平社運動も農民運動も、いっしょくただったようだ。農民組合といっても、そのほとんどは未解放部落の人たちだから、農民組合の旗を掲げて
「全農のために」と叫んでいる者が、次の日には水平社の荊冠旗《けいかんき》を持って「差別撤廃」をいうという具合である。たとえば新田彦蔵は水平社の県連委員長であると同時に農民組合県連の指導者でもあった。当時の闘士たちは、みんな八面六臂《はちめんろっぴ》の忙しさだった。

彼らのうちの何人かの姿は、私の記憶にまざまざと残っている。誰もが個性的で、激しかった。「列伝」というわけでもないが、思い出すまま人伝てに聞いたままに述べておきたい。

中西長次郎は、飴も売っていれば石鹼も売っていた。私の頭を刈ってくれたことがあるので、てっきり床屋もしているのかな、と思っていたが、あれは商売ではなかったらしい。それから、北部側総代だった浜口清太郎は、八百屋だった。新田彦蔵は大工だったと聞いている。

とくに遠藤陽之助については思い出すことが多い。

この人は、長野県出身だ。奈良県で農民組合に関係したあと、三重県の農民組合に

回ってきたらしい。戦後、三重県の共産党の委員長をやって、今はもう亡くなっている。

私が会ったのは、遠藤がまだ二十代の頃だった。もっとも、遠藤は苦労が多かったせいか、あるいは幼い者の目には年長者が誰でも老けて見えるせいか、二十代の遠藤が私には四十男に見えた。

昭和37年1月、三宝寺を訪れ、中西長次郎（中）、西井平七（右）と思い出を語る徹誠。

私は、遠藤を「グンチョー」というニックネームで呼んでいた。遠藤も、そう呼ばれると、いかにも嬉しそうな顔をした。このニックネームが気に入っていたのである。なぜ、遠藤を「グンチョー」と呼んだか。そのいきさつは、こういうわけだ。

川魚を取る道具に、水がめというのがある。電球のような型をした蛸壺のようなものだ。その容器の中に味噌とか糠とかを入れ、川底に沈めておくと、五分もすれば、魚で水がめが満員になるという仕掛けである。この水がめに入る魚のうち、ハヤの親方みたいに大型で、腹の赤いものをグンチョーといった。朝熊川の川底に水がめを沈め、頃あいを見はからって水に潜って水がめを引きあげる。中の魚をバケツに移し、いっぱいになったところで家に持って帰る。そして、グンチョー・クラスの大物は七輪の火にかけて塩焼きにし、生姜醬油をつけて食う。小魚は、つくだ煮にする。

ある日、このグンチョーを私が七輪で焼いているところへ、遠藤が来た。「等君。何やっててんだ」というから、「グンチョーを焼いています」と答えた。「グンチョーてなんだ」と、遠藤がたずねるので、大物の魚であること、腹が赤いこと、などを教えた。「ほうー、グンチョーってのは、いいなあ」。共産主義者だから、腹が赤いところが気に入ったのか、「グンチョー」という名が「郡長」か「群長」を連想させるから、いかにもリーダーらしくて気に入ったのか。ともあれ、遠藤は「グンチョー」に感じ入った。それで、それ以後は、遠藤を見かけると「グンチョー」と声をかけた。

この「グンチョー」こと遠藤が、私を寺の裏の小高い山の中腹まで連れて行って、絵の描き方を教えてくれたことがある。

遠藤と並んで木の株に腰をおろすと、眼下、川と駅と町並みと、その向こうに朝熊ヶ岳とが見えた。私は、まず駅から描き始めた。駅を茶色で仕上げると、次は山に取りかかった。山は緑である。山が仕上がったところで、次は……と描き続けていたら、遠藤がいった。

「等君。絵ってのは、そんなもんじゃない。自分は黒い色が好きだな、と思ったら、全部を黒で塗ってもいい。赤が好きなら、川や空を赤で塗ったっていい。木の葉は緑だから緑、空は青いから青、と決めてかかることはないのだ」

その時は、何のことか分からなかったのだが、大きくなってから葛飾北斎の「赤富士」を見て、なるほど、これがグンチョーのいった「赤が好きなら赤で」というやつだな、と思った。こういう風に見たり描いたりする人も、世の中にはいるのかと、面白かった。

最近、川村善二郎に教わったのだけれど、グンチョーは奈良県にいた頃、奈良帝室博物館の近くの飛鳥園という写真館で、仏像撮影のカメラマンの助手をしていたらしい。だから、絵や写真に詳しかったのだろう。

毎朝、父に差し入れ弁当を届けること

当時、小学生の私の日課は、登校前に自転車で宇治山田警察署まで走り、留置されているおやじに差し入れの弁当を届けることだった。

弁当箱は二段重ねの塗り物の器だ。一段目は白い御飯、二段目にはおかずを入れる。

その日の朝も、警察へ向かった。天皇陛下が皇大神宮の外宮から内宮に行かれる道を御成道というのだが、私は、その御成道を走った。雨が降っていた。ペダルを懸命に踏んでいると、突風が吹いてきたのか、スリップしたのか、ズダーンと自転車が横倒しになり、私は路面にたたきつけられた。

弁当箱は、自転車の荷台にゴムバンドでしっかり結いつけていたから無事だった。しかし、上着のポケットに入れてあった生卵が潰れ、上着の横腹のあたりが、ぐちゃぐちゃになった。

ようやく警察に着いて、「植木ですけど、父に弁当を届けに来ました」というと、人の好さそうな係官が「毎日、ご苦労さんだね」といってくれた。その頃になると、ぐちゃぐちゃだった横腹のあたりが乾いて、かっぱかっぱになっていた。あのぐちゃぐちゃ、かっぱかっぱの気色悪さと悲しさを、私は今でも忘れられない。

私が差し入れ弁当を運んでいる時期、御木本幸吉の実弟、斎藤信吉の夫人も、おやじに差し入れ弁当を届けてくれることがあった。その頃、斎藤は伊勢で御師《おんし》をしていた。御師というのは、伊勢神宮の神職で、暦を配ったり参詣者に宿を貸したりする人のことである。なぜ、あの敬虔なクリスチャンが御師を、とも思うのだが、ともあれ当時も斎藤家とおやじは付きあいを続けていた。

自転車の思い出といえば、米を貰いに西光寺へ行ったときも、必死になってペダルをこいだものだ。朝熊の三宝寺から小俣の西光寺まで行くには、朝熊川の出口橋を渡り、宇治山田市を通り越し、宮川を越えなければならなかった。宮川にかかる宮川橋は今でこそ鉄筋だが、昔は木製の、心細い小橋だった。私は、よろりよろりと図体には不釣り合いに大きい自転車の機嫌をとりながら、しばしば西光寺へ通った。

ようやく西光寺に着き、自転車の荷台に米の袋を結いつけてもらっても、さあ出発、というわけにはいかなかった。寺の境内を二回三回、回ってみろというのである。荷が大きすぎれば自転車は失速し、転倒する。転倒すると、私の実験運転を心配そうに見ていた叔父の徳雄たちが「無理かな。ちょっと減らしてみろ」といって、米袋から米を少し器に移す。「それ、もう一度」と、また運転する。今度も、グラグラ、ズドーン。「もうちょっと減らせ」。そしてまた運転……。

ある日、「これならいけそうだ」というところで、西光寺一家の不安そうな視線を背中に感じながら、私は門を出た。左に曲がり、宮川橋にさしかかる。ところが運悪く、橋を渡り始めたところで、向こうからトラックが来るではないか。こちらは、米袋を積んでいるだけで精いっぱいだ。狭い小橋の上でトラックの脇をするりと抜けるなどという軽業は、できるはずもない。南無三《なむさん》。私は、トラックがすれちがう時、ハンドルから手を離し、欄干にしがみついた。

エンジン音が去ってから、目をあけた。目はあいたから良いが、今度は体の格好が元に戻らない。よいしょ、どっこいしょ、と力むのだが、体の力が抜けたような、あるいは力が入りすぎてコチコチに硬直したような、妙な具合になっている。あの時ほどの必死の思いというものは、その後、あまり経験していない気がする。

あの自転車には、ずいぶん世話になった。

あれこれ自転車にまつわる事柄を思い出すと、目頭が熱くなってくる。第一、あの自転車を、おやじに買ってもらった時の記憶からして、容易に消えるものではない。

朝熊にいた頃だ。なんのはずみでそう言ったのか、おやじに「自転車を買ってほしい」といったら、おやじが「そうか」と、意外にあっさり首を縦に振ってくれた。そして、こういう。

「だがな、自転車に乗るというのだったら、自分で自転車が持てなければいかん。そうでなくては、自転車に乗る資格がない。どれくらいの大きさの自転車なら持てるか、これから自転車屋へ行って自分で確かめてこい」

自転車屋で、何台かの自転車のハンドルを握ったり持ち上げたりしてみて、これなら持てる、というのを見つけた。寺に取って返し、おやじを呼んできて「この大きさの自転車だったら持てる」といったら、おやじは自転車屋に「この大きさの自転車で、もう捨ててもいいような古いのは無いか」といった。自転車屋は、即座に「はい、これ」と、古い自転車を持ち出してきた。なるほど、捨ててもよいような代物だ。それが、どういうわけか赤く塗ってある。まさか、おやじの精神状態が赤かったからでもないだろうが、真っ赤なところが気に入ったようで、おやじは「よし、これにする」と、その自転車を買った。

その自転車のサドルにまたがると、私の足はペダルに届かなかった。そこで、車体のパイプの間に横から片足を突っこんで、いわゆる三角乗りというのを練習することにした。学校のグラウンドをぐるぐる回ったすえ、ようやく三角乗りができるようになって帰途についた。

自転車をよいしょよいしょと寺の石段の上まで運びあげた。

「どうだ。ちゃんと乗れるようになったか」

石段を上ったところで、おやじにたずねられた。

「まだ三角乗りしかできない」

そう答えると、おやじは私を怒鳴った。

「一日かかって練習して、たったそれだけしかできないのか。この情けない奴は」

そういって、自転車もろとも、私を石段の上から突き落とした。

なぜ、おやじが、ああも邪険に私をあしらったのか、未だに不思議でならない。あの頃、自転車の一件だけでなく他にもいくつか、滅茶苦茶に扱われた記憶がある。その記憶の一つは、バリカンにまつわるものだ。

私は、おやじに頭を刈ってもらうことが多かった。このバリカンがひどいもので、錆びついている。ちょっと油をさすとか、研ぎ屋に出すとかしてくれればいいのだが、おやじ、そんなことは毛頭、考えない。

「痛てーっ」

その日も、私は悲鳴をあげた。普通なら、「お、痛かったか。よしよし」とかなんとか言って、今度はバリカンの歯が毛髪を噛まないように気をつけてくれるところなのに、おやじはバリカンで私の頭をガツンと殴った。

「男のくせに、痛いなんて言うな」

その叱り方がまた、邪険だった。

おやじも私も、お互い齢《とし》を取ってから、聞いたことがある。

「自転車もろとも倅を石段から突き落としたり、バリカンでぶん殴ったりした時の、おやじの精神状態ってのは、一体、どういう具合だったんだ。何か、よほどイライラしていることがあったのか。それとも、この倅は生まれてこない方が良かったんだ、とでも考えていたのか」

おやじは、ニヤッと笑っただけで、何もいわなかった。

小学生の等が檀家回りをして

朝熊の三宝寺時代、私は一人で檀家回りをした。おやじが頻繁に検束されたり各地の社会運動に出て行ったりで留守がちだったから、まだ小学生の私の双肩に、僧侶の役目が覆いかぶさってきたのである。

しかし音吐《おんと》朗々《ろうろう》、威風堂々のおやじと違って、漫画に出てくる一休さんのような小学生だ。あげるお経も栗谷の常念寺時代に習ったもので、うまくはない。どうしても有り難味は少ない。檀家も、あけすけに、こういった。

「徹誠さんのお経なら五十銭払ってもいいけれど、等さんのお経では三十銭やなあ」

「おとうさんなら三十銭。等さんなら十銭がいいとこ」

お布施を、こうしてあちこちで値切られたものだが、しかし、一人前の僧侶として扱ってくれた人もあった。

夏の暑い日だった。貧しい檀家の仏壇の前で阿弥陀経をあげながらふと気がつくと、そこの家のお婆さんが団扇《うちわ》で私に風を送ってくれている。そして私がお経を終えると、お婆さんは「ありがとうございました」と、畳に額をこすりつけるようにして挨拶してくれた。この、子どもの私を、一人前の僧侶として遇してくれたのは、あのお婆さんが初めてだった。私の方こそが今、あのお婆さんの前で額を畳にこすりつけ、「ありがとうございました」と、お礼を申しあげたい気持ちでいっぱいだ。

私の檀家回りは学校から帰ったあとだから、日の短い冬などは、檀家を回る道が、とっぷり暮れていた。高い歯の下駄をはいて、この暗くて、細くて、曲がりくねった路地を急いでいる私を、しかも腕白たちが狙うのである。彼らは路地の両側にひそんで道に縄を張り、私の足をすくおうとするのだ。ある時、この罠に見事にかかって、私は凍《い》てついた路面に、もんどりうった。したたか顔を打ったために、どくどくと鼻血が出てきた。

私は、掌で血の溢れ出る鼻を押さえながら、路地の両側の暗闇にひそんでいるらしい連中に復讐したいと思った。その暗闇の中に躍りかかりたいという衝動を覚えた。しかし、私は泣き声も立てず、罵声も浴びせなかった。なま温かい血で顔を染めながら、私は静かにその場を去った。

なぜ、喧嘩を避けたかといえば、鼻血を出したままで次の檀家に行くわけにはいかない、早く寺に帰って手当てをしてから、またお経をあげに回らなければならないと思ったからだ。そしてもう一つ、おふくろに言いきかされていたことが、頭にあったからだ。

「衣《ころも》を着たときは、たとえ子どもでも、お坊さんなのだから、喧嘩をしてはいけません。背筋を伸ばして、堂々と歩かなければなりません」

おふくろは、いつもそう言っていた。

寺にたどりついて玄関を入ると、おふくろが私を見て、無言のまま手早く手当てをしてくれた。私を横にして、冷たい水で絞った手拭いで鼻を覆い、その手拭いを取っかえ引っかえしてくれた。

血が止まったあとで、おふくろは私を膝の上に乗せた。抱きしめ、頭を撫ぜてくれた。

「よく辛抱したね」

私が何もいわなくても、おふくろには何でも分かっていた。おふくろは大粒の涙を、ぼろぼろと流していた。

その頃、兄の徹は名古屋の中学校を卒業して朝熊に帰っていた。兄も、お経は覚えていた。

葬式や年忌の時は、たいてい西光寺の叔父の徳雄か、宇治山田の本願寺別院かどこかの役僧が来て、おやじの代理をしてくれた。しかし一、二度だけ、徹と私の二人だけで葬式をすませたことがあった。徹は十六、七、私は十一、二だったたと思う。

私は、僧衣を身に着けている時は、おふくろの言いつけ通り、振るまいに気をつけた。ところが兄は、衣の袖を肩のあたりまで捲りあげ、高歯の下駄で地面を蹴とばすようにして歩いた。喧嘩する時は袈裟を肩から外して、それで相手の首を締め、下駄を脱いで頭を殴った。おやじの「闘友」六さんたちが「坊主が、そんなことをするか」と徹をいさめたが、徹は耳をかさなかった。そして、その荒々しい振るまいのすえに、だんだんと正真正銘の不良になっていったのだ。

あの頃の私の日課は恐ろしく詰まっていた。早朝六時半に起きて、宇治山田の警察まで行き、おやじに弁当を差し入れる。自転車で往復一時間はかかる。朝食をすませた頃、「等君ー」と、同級生が誘いにくる。連れ立って登校し、きちんと勉強して帰ってくると、すぐに檀家回りだ。檀家回りをすませて晩御飯を食べれば、またもう一度、宇治山田の本願寺別院まで、差し入れのときと同じ道を自転車で走らなければならない。別院では数学、国語、歴史、地理を学び、そのあとは、お経の稽古である。

ひと通りの勉強をして寺に帰れば、深夜の十二時だった。

どうして、こんな過密ダイヤをがまんしながら夜遅くまで勉強したかというと、その頃すでに、上京して本郷の真浄寺の小僧をしながら中学に通う、という話が決まっていたからである。おやじが、ろくに寺にいない状態、わが家の生計がとても立たない状態では、そうでもしないと学問を身につけさせることはできないと、おふくろが考えて、別院の住職に私を小僧として迎えてくれる東京の寺はないものかと相談していたらしい。「ありました。ちょうど良い寺が」。それが真浄寺だった。

小学校六年の二学期、私は東京の中学校へ進むことに決まった。いよいよ上京する直前、おふくろは私を伴って宇治山田へ行き、私を御木本幸吉の実弟である斎藤信吉のお宅に預けた。そして自分は一人で宇治山田署へ出向いて行った。署長に会って、「息子の等が東京へ行くのだから、父親にお別れの挨拶をさせてやってほしい」と、直談判したのである。

面会許可が下りたと、おふくろが斎藤宅で待っていた私を呼びに来た。私は警察に行き、署内の一室で待っていた。

やがて、おやじがその部屋に入ってきた。部屋の入り口に一人の警官が立っていて、私たち父子を見張っている。おやじは、ひどくやつれていたが、それでもいつものように昂然としている。おやじが、警官に向かって響きの良い声で言った。

「おい、おまえ、目ざわりだ。向こうへ行け。ここは家族だけの話だから、おまえは必要ない」

警官が去った。おやじは私の方を向いた。特別、表情は変えなかったが、ただ、おやじの目からポロッと涙が落ちた。

五　徹誠一家、戦争にのみ込まれる

留守家族は朝熊を追われて

その頃、すでに朝熊の空気が変化していた。一時期は激しく再燃した朝熊闘争だったが、おやじたち中心部が、ごっそり検挙されてからというもの、闘争は下火になり、北部住民の結束は緩み始めていた。かわって、この地に充満してきたのは好戦気分であり、警察や軍部の言うことにおびえる空気である。

ある朝熊の教師が生徒たちに話した。「戦地から、手足のとれた兵隊たちの遺体が四斗樽に詰められ、内地に送られてきている」。特高が、この先生を探し出し尋問した。先生は弁明した。「日本の兵隊が、こんな目にあっている。だから支那は憎い。私は、そう教えたのです」。しかし、特高は追及した。「おまえは、だから戦争は怖いと教えたに違いない」。こんなことが続くと、皆が、口は禍《わざわい》のもと、言うなら好戦的なことを、と考えるようになってくる。

挙国一致、とでもいうような気分が支配的になるにつれ、朝熊の運動も、いわば社会のなかで場違いな具合になってきた。「おまえらは、水平運動だとか入会権《いりあいけん》だとか、果てには山を寄越せだとか言っている。挙国一致でなければならん時期に、これでは国民の心を分裂させることになる。もってのほかだ」。お上からそう言われ続けて、北部の闘争意欲は、いよいよ滅入ってきた。

当時、南部に駐在所があった。その駐在所の巡査が北部を回って、「反戦主義者の植木をここに置いておくな」と宣伝した。「植木は南部から取り戻した山林を自分のものにするつもりなのだ」「植木の家族が南部の銭湯に行ったのは差別だ」といった荒唐無稽な話も流れた。なおいけないことに、徹が地元の評判の良くない連中と徒党を組み乱暴を働いたために、「植木の息子を見てみろ」と、一家が後ろ指をさされることにもなった。

某日、北部の総会が開かれて、植木一家を朝熊に留まらせておくか、あるいは出ていってもらうかが話し合われた。大勢は、そのときすでに決まっていた。官憲の手が伸びていて圧倒的多数は「植木を置いておくと危険だ。北部全体が迷惑する」という方に傾いていた。「植木さんにいてもらおう」といった人は、二十人ほどしかいなかった。朝熊闘争の指導者が不在中、右翼運動が北部の住民のなかに広く影響を及ぼしていたのである。

啄木流にいえば、石をもて追われるように、おふくろ、徹、真澄の三人は朝熊を去り、宇治山田の借家へ移った。獄中のおやじにしてみれば、このことが、よほど辛かったにちがいない。

「もういっそのこと、壁へ頭をぶちつけて死んじゃおうかなあ、なんて思ったことも、たまにはあったんだ」

おやじが当時を思い出して、後年そう言ったことがあった。自分の言ったことが朝熊で曲がって伝えられているという口惜しさ、自分の願い通りに世の中が展開していかないというらだたしさ、妻子を庇護してやれないという父親としての責任感——そんなあれやこれやに、さすが剛毅なおやじも参ったのだろう。

等が四十年ぶりに朝熊を訪れた

私が朝熊を離れてから四十余年になる。その後、朝熊の山川が懐かしい、訪ねてみたい、と思うことは幾度もあった。しかし、そのたびに私は思いとどまった。おやじと私がいない間に朝熊の人たちは、おふくろと兄貴、妹を追い出したではないか。憤りというか悲しみというか、そんな思いが、いつもこみあげてきたからである。

ところが前にも述べたように、この本が出版されることになって、私、真澄夫婦ら一行が、取材のために、おやじゆかりの地を旅行することになり、昭和五十八年夏、行こうか行くまいか、という長い迷いのすえ、私は朝熊を再訪した。

その夜、私たち一行は区長らの案内で朝熊北部の小高い山に登った。その山腹には、新しく建った三宝寺がある。寺は集会所の役割も果たしている。

本堂の畳の上に細長い座卓が並べられていた。私は御本尊に手を合わせたあと、その座卓の真ん中あたりに座った。真澄夫婦も傍らに座った。

座卓の向こう側には、おやじとともに朝熊闘争を闘った老闘士たち数人が座った。どの顔も、長い人生の辛酸と理想とを皺に刻んでいる。だんだん参加者がふえて、婦人たち、朝熊闘争を知らぬ青年たちが約三十人、座った。

なにしろ、半世紀近い歳月が流れているのである。私には、目の前の人たちの、どの顔にも見覚えがない。ところが、その見覚えのない幾十人の人たちが、皆、懐かしそうに私の顔を見つめているのだ。おやじの同志たちは、私の顔、私の声に、おやじの面影を探しているのだろう。おやじを知らない世代は、テレビや映画で見る俳優植

昭和 58 年、新しい三宝寺で徹誠を知る人々と語る等。

木等が何を語り出すか、待っているのかもしれない。

突然、私は予定外のことを話し出した。この眼前の人たちと、腹に一物を秘めたままでは語り合いたくないという衝動が、そうさせたのだ。

「私は中学校に入学するとき、朝熊を離れて東京へ出ました。初めて一週間の休暇を貰った時でした。久しぶりに朝熊へ帰ろうとしたら、私の母、兄、妹が朝熊から出されていた。その時以来、私は二度と朝熊へなんか行くものかと考えてきた。今度、おやじの足跡をたどって伊勢に来たわけですが、それでも今朝までは、朝熊には行くまいという思いが腹の底にありました。それが、私の偽らざる気持ちです」

言ってしまうと、涙が出てきて仕様がなかった。

私の話を聞きながら、「うんうん」と、うなずくように白髪頭を振っていた山本平重が、静かに話し出した。あとで川村善二郎に聞くと、この威厳をたたえた老闘士も、おやじと一緒に下獄し、彼の父親はそのことで心を痛め、亡くなったそうだ。

「二度と朝熊には帰るまい、という等さんの気持ちは、ようく分かる。その気持ちは刑務所に入ったわしらにもあった。残った親は、あそこの子は監獄に入っていると言われ、残った子は、おまえの親は囚人だぞと後ろ指をさされた。だがねえ、等さん。闘いというやつは、いったん潰れると反対者も出れば、悪口も出る」

暑い夜だったが、山腹の本堂には風が吹き入っていた。山本平重は座卓に両手を置き、頭を下げた。

「許して下さい」

この老闘士に詫びられて、私にそれ以上、返す言葉のあろうはずもなかった。

「いや、おとな気ないことを言ってしまいました。こちらこそ許して下さい」

あとは歓談だった。朝熊の細い道を、僧衣をまとって歩いていた私の下駄の音を覚えてくれている人もいて、やはり朝熊に来て良かったと、私は思った。

集まりが終わり、山腹から町の方へ舗装された道を歩いているとき、路傍の自動販

三宝寺あとに立つ等。昭和58年7月。

売機で缶ビールを買って飲んでいる十代の青年の姿を見かけた。

「君、そのビールを飲む金は、お父さんに貰ったのかね、それとも自分で稼いだのかね」

おせっかいは、おやじ譲りなのだろう。私は、その青年に、そうたずねた。

「うん、この金は自分で稼いだもんだ」

「そうかい、それなら良い。いくらでも飲んだら良い」

若い者が、もし父親の臑《すね》を齧りながらビールを飲んでいるのなら、一言、こごとを言ってやろうと思って声をかけたのだったが、なかなか感心な青年で、自分の額に汗してビール代を稼いだのである。「うん、そうか、よしよし」。独り言をいいながら道を歩きつつ、私は、この朝熊を、その時、故郷だと感じていることに気づいた。

夜更けて宿舎に帰り、翌日、もう一度朝熊へ行った。少年時代、わが家の三宝寺があった場所に立った。

ここは低地で、ちょっと長雨が降り続けば、朝熊川の水があふれたり山の斜面を雨水が流れ下ったりして、水びたしになった所である。しかし今は、その低地に土が盛られて道幅が広くなり、舗装されている。すっかり町並みが変わった。まるで私は浦島太郎だった。

「あの辺に庫裡があって、ここが庫裡から本堂への渡り廊下で……あそこに井戸があったかな」

三宝寺の跡形もない所に、三宝寺の記憶を建立しようとして私は、あちこち歩き回った。近くの民家の軒下では、真澄が老女や中年の女性と手を取りあって泣いていた。当時、お世話になった人と小学校の同窓生たちである。

三宝寺の跡を離れて朝熊川に沿った通りを歩いていたら、向こうからバイクに乗った白髪の人がやって来て、私たちの側に止まった。誰かが教えてくれた。

「植木さん。小林貞治先生だよ」

私は、跳びあがるほど驚いた。小林先生は死んだものとばかり思っていたからだ。

「先生、本当に先生ですか。あなたは死んだことになっている。小林先生はどうしてるって以前に聞いたら、死んだよって教えられたことがあったもの」

「誰が私を殺したんだ」

「人の噂はこわいなあ。しかし、本人がここを通るということは、生きてる証拠だものね」

もう漫才だった。笑いの渦だった。そして、どこでも笑ったあとは涙だった。

小林先生と話す等。昭和58年7月。

区長たちが口々にいってくれた。

「見て下さい。町は、こんなに良うなった。これは徹誠さんのおかげです」

「徹誠さんの教えを無駄にはしていません。徹誠さんを忘れず、新しい観点で、正しい運動を進めていきたいと思っています」

おやじが生きてさえいたら、

ここへ連れてきてやれたものを、という気持ちが、私の腹の底からこみあげてきた。

宇治山田でのどん底生活

話は元に戻る。

宇治山田に移ってからの一家の生活は、底をつくどころか、底を突き破ってしまっていた。生計を支えるのは、女と子どもの内職である。

内職の一つにウグイス笛の竹細工があった。材料の竹が運ばれてくると、徹が手頃な長さに竹を切り、腹の部分に穴を開ける。次に、おふくろが接着剤で羽をくっつけ、真澄がエナメルで目を入れる。真澄が学校から帰ってから参加し、一家三人、終日がんばっても、せいぜい三百個が限度だった。

おふくろの妹、武田みさほの主人が保険会社に勤めていた関係で、おふくろは保険の外交をやったこともある。一般家庭のお手伝いもした。一般家庭よりは病院で患者の付添婦をする方が収入が多いというので、山田の日赤病院で働いたこともある。ずいぶん辛いこともあっただろうと思う。

おふくろや真澄の苦労をよそに、兄貴はいよいよ、ぐれていった。飲む打つ買う、の三拍子だ。だんだん金に困ってくる。とうとう家にあるものを片っぱしから持ち出しては売り払うようになる。行李《こうり》ごと衣類をそっくり、古物屋に渡してしまうなどということが珍しくなくなった。

ついにはシンガーミシンを抱えあげ、運び出そうとしたことがあった。このミシンは、おふくろの内職には欠かせない道具である。おやじのいないわが家にとっては、命の綱そのものである。おふくろは、立ち去ろうとする兄貴にとりすがって哀願したが、兄貴は耳をかさない。おふくろは、今度は兄貴の前に立ちはだかった。しかし、おふくろの力では兄貴を押しとどめることはできない。

わが家の前に当時、山口という警官が住んでいた。兄貴が不都合なことをすると、結局、この警官に頼んで手を貸して貰うほかはなかった。このミシンのときも、山口巡査が奔走して、ずいぶん遠くの町に売られようとしていたミシンを取り返してくれたようだ。「官憲」といってしまえば、山口巡査も、たしかに「官憲」の一人である。しかし真澄の記憶によれば、山口巡査は職務に忠実で、奥さんもやさしく、わが家が平穏であるようにと、茶断ちまでしてくれたそうだ。

徹兄貴の場合、家が貧しくても孝子にはならなかった。それどころか、おやじがいないのを良いことにして、やりたい放題だった。この兄貴の成人ぶりについて、おやじは大層苦にしていたようだ。

「警察の人が来たら、おとうさんはいないって言え」と、おやじは兄貴に教えていた。つまり、子どもに嘘をつくよう教えていた。「嘘をつく習慣をつけてしまったことには、十分、責任を感じている」。兄貴が死んだあとも、おやじは繰り返し、そう言っていた。

等は東京・本郷の真浄寺に

真浄寺は東京・本郷の、当時は蓬莱町《ほうらい》といった町にある。私は、その寺の小僧になるため上京した。

いよいよ郷里を離れるとか、辛い生活が始まるとかいった悲愴感は、まるでなかった。さあ、いよいよ花のお江戸の見物だ、という観光気分に似た浮かれ調子が心の片隅にあって、うっかりすると道中、ニヤッと笑いがこぼれそうだった。

おふくろが寺まで付き添ってくれた。寺に着き、おふくろと私が住職の寺田慧眼《えげん》に挨拶した。おふくろが、いう。

「息子の等でございます。どうぞ、よろしくお願いします。ボーッと育ってますので、気はききませんし何もできません。お経も、これこれこういう程度しか覚えさせておりません。どうか、いろいろ教えてやって下さい」

住職に挨拶したあと、三人の先輩小僧に挨拶した。一人は大学生、あと二人はすでに大学を卒業していた。

たまたま私が真浄寺に入ったのと同じ日に、東北出身の木下君が、やはり寺の小僧になった。二人とも小柄で、ころころした体つきである。それで以後、私は「ちん」、木下は「こん」と呼ばれるようになった。二人がワンセットで呼ばれる時は「ちん・こん」ということになる。

おふくろの帰る刻限がきた。住職が「東京駅まで送ってきなさい」といってくれた。東京駅に着き、おふくろが汽車に乗った。当時の汽車は、実にスローモーに発車したものだ。初めは、シュウーーッ、シュウーーッと溜め息をつくように動き出し、やがてシュウッ、シュウッ、シュウッ、シュウッとテンポを速めていく。ずいぶん手間ひまがかかる。汽車が溜め息をつく頃になると、私の心中、どこを探しても観光気分などは消えてなくなっていた。汽車の窓から身を乗り出すようにしているおふくろの顔が、たちまち涙でかすんで見えなくなった。

真浄寺の人びと

真浄寺は、なかなか由緒のある寺で、歴代住職のなかには傑物といわれる人物も多いと聞いている。ことに幕末に生まれた第十一代住職、寺田福寿は、京都の本山が英才教育のために創設した教師教校の生徒として選抜された逸材だった。教校の定員は二十五人なのに、実際は九人しか入学できないほどの難関で、当時の記録にも「青年俊秀の才は教師教校に集まれり」とある。他の生徒のなかには、後に英国留学して世界的仏教学者となった南条文雄、笠原研寿、東洋大学創立者の井上円了、明治仏教界の革新運動を起こした清沢満之らがいた。

この福寿が、朝鮮「独立党」の指導者、金玉均をかくまったことがあった。

金玉均は中国の清と結んで力を振るおうとした李太王の妃、閔《びん》氏一族の「事大党」に対抗し、日本と結ぼうとして「独立党」を結成した。日本の民権派や政府の合意のもとにクーデター（甲申《こうしん》の政変＝一八八四年）を起こしたが、清国軍の反撃にあって失敗し、日本に亡命した。福寿が福沢諭吉の薫陶を受け、その諭吉が金玉均を支持していた縁で、福寿と金玉均の間につながりができたのである。

金玉均は、一八九四年に上海で兇刃に倒れた。彼の遺体は寸断されて、首と手足は獄門に、他は地上に放棄された。彼の死を惜しむ日本の「金氏友人会」は、遺体、遺物のないまま、浅草本願寺で追悼会を行った。「古筠院釈温香」という法名は、福寿がつけたものである。

私が小僧をしていた頃の住職、慧眼は第十四代で、愛知県の聖運寺《しょううんじ》に生まれ、真浄寺の養子になった人だ。歴代、人をかくまうのが運命らしく、この住職も昭和十一年の二・二六事件のとき、総理大臣の岡田啓介をかくまった。国粋的変革を目ざす青年将校らの手で、内大臣の斎藤実、大蔵大臣の高橋是清、教育総監の渡辺錠太郎が殺された事件のあと、総理大臣秘書官の依頼を受けて極秘裡に岡田を寺に招いたという。その時、秘書官が住職に「殺されるかもしれませんよ」というと、住職は「殺されてもかまわぬ」と答えたそうだ。

慧眼住職の夫人千里《ちさと》は、おやじと同じ明治二十八年の生まれだ。今も九十歳ほどの高齢ながら、しっかりしたものである。その夫人の記憶によると、寺に来た岡田に食事を勧めたとき、岡田は「サンドイッチを食べたから腹はすいていない」といい、かわりに酒と煙草を求めたそうだ。住職はじめ、寺では誰も酒と煙草をたしなまないから用意の品がない。夫人は調達するのに、えらく困ったという。

慧眼住職は、口の堅い人だった。総理大臣をかくまったなどという、いわば大層な自慢話を自分の口からは絶対に話さなかった。やはり真浄寺に養子に入った現在の住職、寺田康順も、慧眼住職の側近くにいながら、ついぞこの昭和秘史の一齣について聞かされたことはなかったそうだ。

慧眼が庇護したのは顕官だけではない。関東大震災や空襲のときには、本堂を二、三百人の被災者に提供して、家人の居場所がなくなるほどだった。被災者とともに区役所に押しかけ、「米を寄越せ」と座りこんだこともある。

福寿は、平等思想の持ち主だった。「世の中には、いろいろな川がある。しかし、海に流れ入ってしまえば一味平等の海水である」といって、権力者と貧しい者との間に隔たりを作らなかった。慧眼もこの考えを受けつぎ、権力者だからといって法事の順番を優先させることがない。貧しい家で葬式があれば、香典として葬式の費用を置いて帰った。

慧眼は生きとし生けるものの命を慈しんだ。私がトンボをつかまえてきて、お経をあげながらトンボの羽をむしっていたら、住職はそれを見とがめ、すごい形相で叱った。平素は、まず怒るなどということのない住職だから、これは、こたえた。その時の私のしょげた姿を、奥さんや現在の住職が未だに覚えているのだから、あの一匹のトンボの死はちょっとした「事件」だったのだ。

こういう生命観だから、慧眼住職は戦争に反対だった。私のおやじのように、国際情勢がどうの、主義がどうの、というのではなく、ただただ、命あるものから命を奪うこと、殺し合うことが耐え難かったのである。だから、檀家の青年に召集令状がくると、住職は私のおやじがそう言ったように、やはり青年に「絶対に死んではいかん」と説いた。もっともこう言ったからといって住職が私のおやじのように検束されたことはない。特高も、住職が「主義者」ではなく、極力、政治に触れないようにしていたことを知っていたのだ。

仮釈放になったのか、刑期が満了したのか、おやじから某日、「自由な身になったので、そちらの寺へ挨拶に行く」という手紙が来た。そして幾日かの後、住職とおやじが対座した。いま思い出しても嬉しくなるのは、そのときの二人の態度が、ゆったりとしていて立派だったことだ。

この二人には、どこか共鳴しあうものがあったのだと思う。住職が少年の私に、こう言ってくれたことがある。

「君は、縁あってうちに来ることになった。君がお父さんのことをどう思っているか知らんが、君のお父さんは実に立派な人だ。ただ、いまの時代に合わないだけだ。だから君も一所懸命修行して、お父さんのような立派な人になりたまえ」

おやじを「立派な人だ」といってくれた人は前にもいた。思想犯一斉検挙の号外に、おやじの顔写真が載っているのを見て衝撃を受けたとき、私を励ましてくれた四郷小学校の先生である。しかし、「お父さんのようになれ」といった人は、この住職が初めてだった。おふくろにしても、妻子に苦労ばかりかける亭主のようになれとは、一生に一度も言わなかった。言うのはいつも「西光寺のおじいさんのようなお坊さんにおなりなさい」だった。なるほど西光寺の住職は、おやじと違って物静かで、妻子を大事にした。

私は、この真浄寺から、近くの白山にある京北《けいほく》実業学校（後に、京北商業高等学校）の夜間部に五年間、通った。寺では別段、何年間で何と何を習得すべきこと、などというカリキュラムが小僧に課せられていたわけではない。しかし、お経や学問を教えてくれる先輩の小僧たちは厳しかった。

当時の住職にも今の住職にも共通しているのは、小僧になったのだから将来は必ず僧侶になれ、という考え方をとらない点である。一番関心のある分野、一番好きな道に進めばよいというわけだ。これまでの真浄寺の小僧は、たいてい医者になっている。大学の総長、学長も三人出ている。現在、康順住職は、小僧たちに一日十五、六時間の勉強を要求しているそうだが、これも仏教だけをやれということではないらしい。

私は英語と国語が得意で、数学が苦手だった。英語の試験のとき、一番早く教室を出たのは、楽々、百点とれたからだ。数学の試験のときも一番に教室を出たものだが、それは、歯が立たないと早々にあきらめたからだ。

さて、真浄寺という寺は格式が高い。現真宗大谷派の門首と、四人のお子さんが全員、この寺から学校に通った。だから、いわば私は現真宗大谷派の門首の弟弟子《おとうとでし》ということになる。

やはり門首クラスになると、これはもう皇族扱いで、毎日の体調の報告までしなければならない。起床は何時、就寝は何時、大便したらどういう状態だった、なんてことを記録に残したという話があったと聞いた。

ところが、代々の住職がいくら「平等思想」の持ち主だからといって、やはり「小僧」といわれる身分の私の場合は事情が異なってくる。

朝起きると便所から庭まで一通りの掃き掃除、拭き掃除をして、それから登校する。ある冬の朝、水道管が凍って水が出なくなったので、前夜の風呂の残り湯で拭き掃除をした。拭いたあとに、うっすらと白い湯気が漂った。と、先輩の小僧がすっ飛んで来て、いきなり私の頭をげんこつでガツーンと殴った。

以後、私は用心した。あすは凍る、と予感した夜は薬缶《やかん》に水をとっておき、水道管が凍れば、その水をガスで沸かして水道管にかけることにした。チョロチョロと出てくる水を見ながら、私は「不合理だなあ」と、いつも思ったものだ。湯で拭き掃除をしてはいけないというので、湯で氷を溶かし、水で掃除をする。いったい、これは何だ。そう思って腹を立てていた。

真冬でも足袋をはいてはいけない、股引《ももひき》をはいてはいけない、手袋をしてはいけない、といわれる。それで手足の指が全部、しもやけ、あかぎれになった。ことに、手の指は左右十本、残らずヒビ割れて、掌の皮もむけた。先輩の小僧が「ヒビ割れに味噌を塗りこめば治る」というので、その言葉を信じて味噌を塗ったら、痛さに跳びあがった。

洗濯をすると、ヒビ割れから血が出た。白衣《はくえ》を洗濯板でごしごし洗い、水ですぐところまでは良いのだが、そのあとで絞るとなると、親指のつけ根のヒビ割れからにじみ出る血に、どうしても白衣が染まる。何度すすぎ何度絞っても血がつくので、ある時、私は女中さんに「これを絞って干してくれないか」と頼んだ。女中さんが「よしよし、かわいそうに」といって洗濯物を物干し竿に並べているところへ、またまた先輩の小僧が走ってきて、私の頭をガツーンである。

どこから迷い込んだか、一匹の犬が庭に入ってきたことがある。そしてどういう訳か、私が犬を連れてきたということになった。先輩たちに、目がくらみそうになるほど殴られた。

白衣を干してくれた気の良い女中さんの仇名は、「校長先生」である。なぜ「校長先生」なのだろうと人にたずねてみたら、昔でいう按摩《あんま》の学校の校長先生なのだという。いや別段、本物の校長先生ではなくて、それぐらいの按摩の達人だということだった。私は、住職に言いつけられて、この達人から按摩を教わった。

按摩ができるようになると、毎晩、住職の体をもむことになった。なにしろ、当時九〇キロほどもあった巨体に、小柄な私が取りつくのだ。しかも、夜十時ごろから始めて十二時になっても「もうよし」という声がかからない。こちらは時たま、ふーっと意識が遠のいていくほどの眠さである。一方、住職はカーッ、といびきをかいて眠っている。この按摩が五年間、続いた。

そんな訳で、私はマッサージがうまい。今でも女房が「ここが痛い」などと言うと「どれどれ」と、もんでやる。女房が「どうして、そんなに上手なの」と不審がるほど、私の腕には年季が入っている。

当時、本堂の前に自然巨石で作られた金玉均の墓があり、その右手には菩提樹があった。菩提樹は途方もない大きさで、私はよく二股の幹の上で昼寝したものである。春には枝々に白い花をあふれさせ、咲き終われば緑の葉をこんもりとつけた。

数年前に亡くなった門の爺やというのが朝顔作りの名人で、花の咲く時季になれば、この菩提樹のあたりに紅白の幕をめぐらし、床几《しょうぎ》に緋毛氈《ひもうせん》を敷いて、並べた朝顔の自慢話をしていた。現住職の記憶によると、自慢話に夢中になっている間にカラスに饅頭をさらわれ、カンカンになって追っかけ回していたこともあったらしい。たしかに、寺のたたずまい、日々のいとなみは、そのようにおっとりとしていた。

昭和二十年三月十日、大空襲で真浄寺も直撃弾を受け、焼けた。慧眼住職は、すでに腎臓病で弱っていたので、私たちは住職をかばいながら、寺から逃げた。私は住職を塀の上に押しあげた。現住職の康順はバケツひとつを持って、住職の傍につきそっていた。

大空襲のあとは、一帯が変貌した。焼け野原に、視界を遮る物がほとんどなくなった。「これじゃ、うちに時計は要らないねえ」などと皆が戯言《ざれごと》をいったのは、東大・安田講堂の時計台が、すぐそこに見えたからである。

等、三年ぶりに帰郷する

昭和十六年、中学三年の夏休みだった。おやじが出獄したという知らせがあり、私は住職の許しを得て帰郷することになった。前にもちょっと触れたが、上京以来、初めての藪入りである。

東京発何日何時何分の汽車に乗ります、と両親に手紙で連絡して、私は列車に乗った。

松阪を過ぎて宇治山田に汽車が近づいたとき、おふくろが車両に入ってきた。三年ぶりに帰る息子の顔を一刻も早く見たいと、ふた駅先まで迎えに来ていたのである。この車両には乗っていない、次の車両かもしれないと、おふくろは揺れる車両の中をよろよろと歩き、ついに私を見つけたのだった。

「等ーっ」

二人の視線が合った。おふくろは私に、しがみついてきた。私はといえば、昔のプラトニッククラブ風の物語に登場する少年みたいなものだ。要するに、女が切々と気持ちを訴えても男はなかなか心情を吐露しないというような風情である。私は身の置きどころに困ってしまっていた。思春期である。おふくろを抱きしめることは、乗客の視線の中では、とてもできない。かといって突き放すわけにもいかない。しごく当惑した。

山田上口《かみぐち》の駅に降りた。駅頭に、おやじがいた。真夏のことで白い絣《かすり》の着物を着ていた。ヒゲを蓄えていて、昔通りの健康そうなおやじだ。

駅から十分ぐらい歩くと、わが家だった。朝熊の三宝寺から、石をもて追われるごとく、ここに移ってきたという事情を聞かされていなかったものだから、私は、朝熊の家は一体、どうしたのだろうと、不可解だった。

家には、兄貴の徹がいた。「この野郎」と、兄貴は私の頭をげんこつで小突いた。しばらくだったな、という挨拶である。

兄貴と川原に出て、久しぶりに相撲をとった。十番勝負ということで取っ組んだら、九番までは私が勝った。これがあの万能選手の兄貴かと疑うぐらい、他愛がない。やはり、小僧として朝から晩まで沢庵石を運んだり拭き掃除をしたりしているうちに、私に体力がついていたのかもしれない。

最後の十番目、兄貴の目つきが凄かった。まるで親の仇をにらむような殺気をたたえていた。私は、とうとうねじ伏せられた。兄貴の目つきと、一番ぐらいは負けなければ弟として義理が悪いという苦労人の思いやりがあって、戦意を喪失したのである。

わが家には一週間いた。その間、刺し身、天婦羅、カツを食べさせてもらった。御馳走だった。あした、いよいよ東京に戻るという日に、おやじがいった。

「等。おまえは久しぶりに家に帰ってきた。家族として、全員でおまえを温かく迎えてやりたいと思った。それで、うちの経済で許す限りの贅沢をしてやったつもりだ。うちが毎日、こういう生活をしていると思うな」

小僧の日常がどんなものかを知っているから、おやじは私の気持ちを汲んで、気持ちにゆるみ、たるみが出ないように、こう言ったのだと思う。私にしても、おやじがほとんど家にいない家庭の生計がどんなものか、知っていた。だからこそ、小僧生活に耐えることができたのである。

兄徹の短く激しい生

悪に強いは善にも、という言葉がある。悪人といわれるほどの人間こそが、きっかけさえあれば善行を積むようになる、という人間の不思議が、たしかにある。翻って、善に強いは悪にも、という言葉があっても良いような気がする。あれほどの知力、体力をもちながら、みるみるぐれてしまった兄、徹の短い人生を思うと、つくづく善に強いは、などと考えてしまうのだ。

徹が名古屋にある浄土真宗系の中学校で学んでいたことは先にも述べた。その学校で徹は野球部に入り、遊撃手、トップバッターとして活躍していた。なにしろ小学校時代に一〇〇メートルを一二秒フラットで駆けたスポーツマンである。当然、チームの主戦力になった。

ところが二年の終わりか三年の初め、兄貴は野球部から陸上競技部に引っ張られた。陸上競技部に入ってみると、自分より速く走れる選手がいない。これじゃ大会で負けるわけだというので、兄貴は以後、陸上競技に一所懸命になった。

おさまらないのは野球部である。主戦力が抜けて試合に出るたび、負け続けだ。

「これも植木のせい」と、兄貴に対する風当たりが強くなる。

一方、兄貴にしてみれば「陸上競技部の方は俺でもっている。余人をもって代えがたい。しかし、野球部の方は補欠を登用すればすむことだ」というわけである。なるほど、弱者の味方という、一応の理屈は通っているのだが、理屈が通っているからといって野球部の腹の虫がおさまるわけでもない。某日、兄貴は野球部に呼び出され、殴る蹴るの仕打ちを受けた。この制裁というかリンチというか、乱暴狼藉に、兄貴の人格の底の方で、何かが変化したようだ。

「きっと、この恨みは晴らしてやる。見ていやがれ」

キリキリ歯がみするような気持ちで、兄貴は毎日を送っていた。そして某日、道を歩いていると、その野球部員が向こうを通っているではないか。かーっとなったとき、たまたま傍を、荷台に氷を切る幅の広い鋸《のこぎり》を載せたリヤカーが通っていた。

「おじさん、これ、ちょっと貸してもらうよ」

リヤカーの梶棒を握っていた氷屋にそういうと、兄貴は鋸を引っさげて走り出した。

「待ちやがれ」

兄貴はいきなりその鋸を大太刀のように振りかざし、野球部員を袈裟がけに斬り下げた。災難に遭った部員は背骨が見えるぐらいの深い傷を負った。

昔、橋の上から下を通る船に飛びおりて怨敵を斬った先祖がいたということを述べた。いわゆるファミリー・ヒストリーというやつは繰り返すらしい。ここに、その先祖そっくりの激情型人間が再来したというわけだ。

ともあれ、兄貴は三宝寺に帰った。だが、することがない。こんなにぶらぶらしていても仕様がないというので、高等小学校だったか、青年学校だったかに通うことになった。

何をやらせても抜群、という兄貴の知力、体力が、あるいは裏目に出たのかもしれない。学科の方は、それでなくても良くできるのに、名古屋で中学三年までの分は終わっている。あらためて習うことがない。運動の方も、たとえば野球をやるとなると、毎回、場外ホームランである。兄貴は、学校生活を甘く見はじめた。そして、ハイティーンの頃には、すでに酒を飲み、賭場に出入りするようになっていた。

そんなある日、兄貴が懐から五円札を出して、「おい、とっとけ」と、おふくろに向けて放った。おふくろは、きっとなって「博奕《ばくち》で勝ったような不浄なお金は貰えない」という。兄貴は「博奕で勝った金だろうが何だろうが、五円の金には五円の値打ちがあるんだ」と激昂する。それだけなら、まだよかった。「生意気なことをぬかしやがって」というや否や、兄貴は左手でおふくろの衿首をつかまえ、右手で腰ひもを持ったと思ったら、大きな木を刳り貫いた火鉢に向け、ずどーんと放り投げたのである。

私は小学校五、六年だった。まだ体が小さい。とうてい兄貴には勝てない。この情景を見て、この体が大きかったら、兄貴をぶっ飛ばしてやりたいと痛切に思った。

夏休みに宇治山田へ帰ったときだった。「おい、これがおまえの義姉《ねえ》さんになる人だ」。どこから連れてきたのか、見知らぬ女を、兄貴はそういって私に紹介した。

後の話だが、その人が、母たちと一緒に住んだそうだ。兄貴が出征した時、おふくろは「徹もいなくなったことだし、あなたも自由に、お家へ帰って下さい」と、その人に言い渡した。入籍とかなんとかは何もしていなかったのだろう。その人は姿を消した。

徹の出征と戦死

昭和十七年一月。日本軍がマニラ、ビルマなどに進軍し、日独伊軍事協定が調印された。その年の八月、徹が出征した。二十歳だった。

当時、兄貴は左腕に入れ墨をしていた。女の名前を彫っていたのか、「一心如鏡」「御意見無用」といったような文字だったのか、あるいはまた遠山金四郎もどきの桜吹雪だったか、私は見たことがないので知らない。ただ人に聞いた話では、召集令状がきたとき、兄貴は小刀を火の中に突っ込んで真っ赤に焼き、その小刀で入れ墨を焼き取ったそうだ。

いよいよ出征の日、おふくろは警察に頼んで、おやじを留置場から出してもらった。おやじも駅頭で兄貴を見送ることができるようになったのである。駅頭に平服の兄貴と、おふくろ、妹の真澄、特高に付き添われたおやじがそろった。おやじに手錠がかけられていないのは、おやじが「逃げも隠れもせん。手錠を外せ」と、特高に迫ったからだった。

私は当時、東京にいたから、兄貴の出征の様子を知らない。しかし、当時十四歳だった真澄の記憶によると、派手な壮行式は許されなかったらしく、日の丸を振って万歳万歳という風景ではなかったそうだ。おふくろは泣きこそしなかったが、ただただギユッと、兄貴の手を握りしめ、悲しみをこらえていたという。

兄貴は、岐阜の各務《かがみ》ヶ原の第六八連隊に入り、その後、相模原などに移った。私が真浄寺にいるとき、兄貴が幾度か訪ねてくれた。私も真浄寺の好意で、「お兄さんに、これ持って行ってやれ」と、おはぎや何やかやを貰い、面会に行ったことがある。

当時、すでにかなりの食糧難だった。兄貴が、ある日、食パンを二斤《きん》ぶら下げて真浄寺へやってきた。「等。これを食え」と、私に一斤をくれ、もう一斤は住職の前に差し出した。

「新兵でありますので、特別の土産もございませんが、これをおひとつ、どうぞ」

民間人では、なかなか口にできない食パンである。住職がきいた。

「その新兵が、こんなにもらえるとは思えないが、どうしたのですか」

「はい、同僚の分をカツあげてきました」

これには住職も驚いたようだった。

兄貴が帰る時には見送った。水道橋で市電を下り、旧講道館前の信号のある道路を渡ろうとした時のことだ。向こうから将校が来た。

「おい等、見てろ。あの野郎、俺に敬礼させるからな」

冗談じゃないと思った。向こうは将校、兄貴は星一つの二等兵だ。ところが、すれ違う瞬間、兄貴がパッと敬礼したら、向こうも反射的にパッと敬礼した。道路を渡り切ってから、兄貴がいう。

「ほれ、見ろ」

兄貴の稚気に、幾分の反抗心がまじりあっているのを、私は感じた。

この頃の植木家は、まさに秋風に飛び散ろう落ち葉のようなていたらくだった。

おやじはすでに出所していて、一時期を三重県大湊の造船所で、いわばアルバイトをしていた。その時、東京の三輪《みつわ》工業という会社にいた御木本時代の知人、野川喜太郎が「うちに来て働かないか」と声をかけてくれた。この会社は機関銃の弾丸を作っていたらしい。本来、おやじの思想からすれば、殺戮の道具を作るのは本意ではなかったろうが、ともあれ、おやじは二つ返事で承知して、おふくろ、真澄を伊勢に残したまま上京し、まず文京区駒込動坂の本社寮に入った。

その後の一家の動きは目まぐるしい。足立区高野《こうや》の三輪寮に

昭和17，8年頃の等と真澄。

移り、おやじはおふくろと真澄を呼び寄せた。暫くして一時、同区の栗原町へも移った。

昭和十八年の秋だったと記憶している。高野町のおやじから真浄寺の私に電話がかかってきた。

「等。残念なことだけれども、驚くな。徹が戦死した。おふくろが泣いているから、できれば来て、慰めてやってくれないか」

私は住職に事情を話した。「家へ帰ってきても良いですか」「ああ、行ってきてやんなさい」。私は大急ぎで帰った。

おふくろは、泣いている顔を私に見られたくないと、こちらを向かなかった。私は、後ろ姿を見ていた。言葉のかけようがない。おふくろの肩に手を触れると、おふくろは向き直って私に抱きついて、また泣いた。

後で聞くと、郵便配達夫が戦死公報を届けたとき、おふくろは二階にいたそうだ。「いさほ、徹が戦死した」というおやじの声に、おふくろは、どのようにして二階から下りたのか、いっこうに記憶にないといった。たぶん、階段を転がり落ちるようにして下りたのだろう。

戦死の公報が来る前に、戦地の徹兄貴から一通の軍事郵便が届いた。それには、こう書いてあった。

「内地ではお母さんに親不孝な事ばかりして、心配のかけつづけでした。ほんとうに申しわけありませんでした。お許し下さい。お母さん、いつまでもお元気で」

短い文面の中におふくろは、幼い頃の気持ちに再び立ち返った徹の面影を追った。数えきれないほどの親不孝は、このときおふくろの胸から消えたことだろう。

おやじの書いたメモがある。兄貴の外地への出発が十七年八月十七日、戦死が十八年一月二十六日とある。戦死した場所は、北緯二度、東経一三九度三三分付近の洋上。戦死公報は、何か月もたってから届いたわけである。

兄貴は、ボルネオかジャワかスマトラか、そのあたりから更にどこかに移動するため、ニューギニア近くの海を航行中、船もろとも沈められたのだ。二十一歳だった。

等、東洋大学に入る

翌十九年三月、私は真浄寺にほど近い白山にある東洋大学の入学試験に合格し、家族と住むことになった。住職に「おかげさまで合格いたしました」と挨拶すると、住職はこう言ってくれた。

「君は先輩に叱られ殴られ、実にいろいろと苦労をした。しかし、さすが、あのお父さんの息子だ。お父さんが、あれほどの逆境にあってもくじけなかったように、君もよく耐えた」

住職は、入学祝いとして千五百円もくれた。その頃のおやじの月収が七十五円ぐらいだったから、ひょっとすると今の額に換算して一千万円に匹敵するかもしれない。

大学の授業料は年間二百四十円だった。私は、千五百円のなかから二百四十円を払おうとした。ところが、おやじは「いっぺんに払うことはない。前期分だけ払っとけ」といい、私にくれたのは百二十円だけだった。

通称、蹴飛ばしという機械があった。一トンほども重量のある機械だ。機械の取っ手を持ち、足元のペダルを踏むと、スポンと金属板の型が抜ける。おやじは、その蹴飛ばしを買った。

「この機械は俺の内職というか趣味というか、ま、そんなものに使うんだ」

狭い土間に蹴飛ばしを据えて、おやじは趣味と実益の大宣伝をしていたが、結局、一度もこの機械を使わなかった。使わないうちに空襲にあって、家が焼け、機械も焼けたのである。

空襲。家を失う

東京が相次いで大空襲にあったのは二十年春である。当時、植木一家は足立区西新井の、お大師さんの近所に一軒、家を借りていた。

その夜、警戒警報が発令されていたために、西新井警察署の電灯以外、町内のどの街灯、どの家も明かりを消していた。町が真っ暗闇だったから、上空を飛ぶ敵機にしてみれば、警察の窓から漏れる明かりだけが格好の標的だったに違いない。

警察署に爆弾が落とされ、そこは大きな松明《たいまつ》のように炎上した。真っ暗闇だった町並みが炎に照らされた。そのとたん、上空の編隊から焼夷弾が雨霰《あめあられ》と降りそそいだ。

わが家の裏手にあった便所が燃え始めた。家の中には、おやじ、おふくろ、私の三人がいた。すっくと、おやじが立ち上がって、おふくろと私に言った。

「ちょっと工場を見てくる」

関東大震災のとき、おやじは避難先の日比谷公園で御木本幸吉に「工場を見て来い」と命じられ、嫌だと断った。そのおやじが、この時は誰に命じられたわけでもないのに、わが家と家族をおっぽり出して工場を見てくるという。

「おい等。おかあさんを頼むぞ」

そう言い残して、おやじは戸外へ飛び出した。

私は、おふくろと手をつなぎ、布団をかぶって外に出た。ついさっきまで暗闇だった通りが今は真昼の明るさだ。

漆黒の覆いの下に隠れていた家々、人々が覆いをはがされ、明るい光に身をさらしている。敵機は掌《たなごころ》をさすように標的を狙い、焼夷弾を落としている。風が炎をあおって、なにもかもが、めらめら炎上している。火の粉が舞い散っているし、炎熱が迫っている。

これでは布団に火が移るのも時間の問題だ。なんとか、この布団に水を含ませなければならない。おふくろの手をひき、駆けながらあたりを探すと、幸い、満願寺の横の畑に池があった。布団を池につけ、濡らすことにした。

おふくろを畑に待たせて、私は池のほとりまで来た。そこでまず一枚、布団の端をしっかりつかんで、そろりそろりと池につけた。その時である。池に爆弾が落ちた。ズドーン、という音がしたかと思うと、目の前に水柱が立った。日露戦争の日本海海戦の戦争画に描かれている水柱と、まったく同じ形だった。

濡れて、すっかり重くなった布団を二枚かぶり、おふくろのいる所へ戻った。一枚をおふくろにかぶせたら、おふくろは次の仕事を私に言いつけた。

「等。家に引き返して、床の間に置いてある包みを取ってきておくれ。他所《よそ》行きの着物も着替えの着物も、全部、その中にあるから」

私は陸上競技の選手だったこともある。おふくろに「ここを動くんじゃないよ」というやいなや、脱兎のごとく駆け出した。ヒューンと焼夷弾の音がすれば地面に伏し、去れば、また、はね起きて走った。

家の前に駆け戻ると、家が音を立てて燃え崩れるところだった。ドーン、という地響きとともに道路が揺れた。その路面を踏みしめながら、私は、わが家の倒壊を見た。再び、私は畑を目指してダッシュした。畑につくと、おふくろは畦の間に座っている。

「駄目だ。家は燃えて、倒れちゃった」

「そう……着替えもなにもなしになったのかい」

「いや、生きてりゃ何とかなるから」

最後の台詞《せりふ》は、おやじの受け売りだった。

炎の中を駆け抜けてきた興奮と疲労で、肩で息をしている私に、おふくろがまた言った。

「等。真澄が千住の友達の家に行っているから、千住まで、ひとっ走りして、真澄を連れて帰っておくれ」

真澄の学校友達の家族が、その友達一人を残して長野の方に疎開した。「淋しいから泊まりに来て」と、友達に頼まれ、真澄は出かけたままだったのである。

「うん。行ってくる」

私は、そう言って立ち上がったけれど、真澄の友達の家が千住のどのあたりにあるのか、見当がつかない。しかし、とにかく千住の方に向かって行けば真澄に会えるかもしれないと、私はトットットッと、走り出した。

すでに夜が明けていた。町が、というよりは焼け野原が遠くまで広がっていた。猛火にあぶられた路面が熱くなっていて、走っているうちに汗が、どんどん出てきた。前夜から何も食べていない。空腹がこたえる。路傍の水道の蛇口から水が出ているのを見つけて、腹いっぱい水を飲み、またトットットッと走った。

このあたりが千住だろう、という所へ来た。小高い場所を見つけては、そこに駆け上り「真澄ーっ、真澄ーっ」と叫んだ。しかし返事のあろうはずがない。「この方角じゃないな」というわけで、別の方角に走り、また小高くなった地面、積みあげられた石材の上に登って「真澄ーっ」である。

真澄は、私が千住で「真澄ーっ」と叫んでいる頃、友達の家でにぎりめしを握っていたそうだ。あとで真澄に聞くと、友達が家の近くの土手に登ったら、夜空の向こうが真っ赤になっていたものだから「これでは真澄さんの家も焼けたにちがいない。とにかく食糧を用意しましょう」ということになったそうだ。二十個の、いわゆる銀シャリを、真澄と友達が抱え、翌朝、わが家の方を指して出発した。

真澄は、わが家の焼け跡で、呆然と立っているおふくろに会い、にぎりめしを一緒に食べた。「あのおにぎりの味は一生忘れない」と、真澄は今もいっている。

工場から戻ったおやじと、千住から帰った私が、焼け跡の整理をすることになった。山と積まれた瓦礫《がれき》を掘ると、灰神楽と焦熱が噴き出てきて、顔が火傷を負ったように赤くなった。

「おい、ちょっと一休みしよう」

「うん」

二、三軒先に鉄筋の車庫があった。外側は焼け残っている。二人は、そこに入った。

「腹が減ったなあ。何か食うものはないかなあ」

そういっていたおやじが、「ちょっと待ってろよ」と出かけていった。暫くして、ペシャンコに潰れたバケツを持って帰ってきた。トントンカンカンと、石ころでバケツをたたき、なんとか元の形にして、またバケツをぶら下げ、出かけた。私も、そのあとに従った。

「等、ちょっとここで待ってろ」

歩き疲れた頃、おやじはそう言って、半ば焼け落ちた建物の中に入って行った。間もなく出てきたおやじのバケツに、いっぱい入っていたのは酒粕だ。

おやじも私も、下戸である。そろいもそろって一滴の酒も飲めない。しかし、酒粕以外に食う物はない。二人は車庫に並んで座り、蛇口に口をつけて水を飲んでは、むしゃむしゃと酒粕を食った。

空腹時に酒を飲むと酔うのが早いというが、この理屈は酒であれ酒粕であれ、同じことのようだ。やや腹に充足感を覚えた頃、二人は、すっかり出来あがっていた。そろって、体が動かない。やがて二人してグーグー、寝入ってしまった。

被災とか空腹とか、この種の、ぎりぎりの状況になると、その人本来の性格が、まざまざと出てくるものだ。おやじもおふくろも、日常いかにもそれらしい立ち居振る舞いを見せていた。

おやじの勤めていた三輪工業は、のちに三輪貴金属という名前になった。工場の隣が寮で、おやじはその寮の寮長をしていた。やはり、そこでも皆を集めて「人間は、かく生きるべきだ」などと一席ぶっていたらしい。なかなか説得力があって、評判も良かったようだ。

昭和二十年三月、本郷の真浄寺が例の東京大空襲にあい、全焼したときのことだ。私が寺から家に帰ると、おやじが大きな風呂敷包みを出してきて「この衣服を、お寺にお届けしろ」という。

「これは私どもの着古したもので、まことに失礼とは存じますが、どうぞお使い下さい。こう申しあげるんだぞ」

おやじは、口上まで教えてくれた。

ところが翌四月、今度は、わが家が焼け落ちた。そこで、おやじが私に「おい、この間さしあげた衣料を返してもらってこい」と言いつけた。「まことに失礼とは存じますが」という口上を、またまた教えてはくれたが、いったん渡した古着を返せというのは、ずいぶん、みっともなかった。お気の毒だ、さしあげろ。さあ、うちの方が困った、返してもらえ。このあたり、いかにもおやじらしい。

おやじにひきかえ、おふくろは、いつ何時でもキチンとしていた。夏の盛りには絽《ろ》の着物を着て、立ち居振る舞いに寸分、崩れたところがなかった。寺の長女として育ったために、そうすることが習慣となり、やがて性格になったのかもしれない。

大空襲で焼け出されて間もなく、一家が高野町の三輪工業の寮に住んでいた時、戦死した徹兄貴の戦友と名乗る人が訪ねてきてくれた。兄貴の最期の様子を話したいというのである。その人を寮長室に通した。

戦場が、いかに過酷なものであるかを、兄貴の戦友の姿が語っていた。片手と片足がない。片目が潰れている。顔がゆがんでいる。

おふくろは、わが子が戦場でどんな風に命を失ったかを聞きたがった。しかし、私は聞かない方がよいと止めた。聞けば必ず、おふくろは嘆きをあらたにして、気も狂わんばかりになるに違いないからだ。

戦友はとうとう語り始め、おふくろは話に聞き入った。その話によると、兄貴は船が沈没する前、すでに機関銃で全身を蜂の巣のように撃ち抜かれ、死んでいたということだった。話を聞き終わって、私は後悔した。果たせるかな、おふくろは「詳しくお知らせいただきまして、ありがとうございました」と、ようやく言ったあと、放心状態になった。

兄貴の戦友は祈禱師だったのかもしれない。話を終えたあと、奇妙な声を張りあげて、お祈りを始めた。祈禱が終わって戦友が帰るとき、目の具合が悪いというので、高価な八つ目鰻をさしあげた。

余談になるが、昭和二十年四月の空襲で焼け出されたとき、町会がわれわれ被災者に乾パンやなにやかや、食糧を配ってくれた。その食糧引き渡し所の隣が、私の妻、登美子の実家である。乾パン引き渡しの際に、私は初めて登美子と出会い、それが縁で後に結婚することになった。

援農学徒として北海道に渡る

昭和二十年五月上旬、私は援農学徒として学生仲間とともに北海道に出立した。若い働き手を兵隊にとられ、田畑を守ることができなくなっている農家に、学生が狩り出されて行ったのである。

この頃、おやじとおふくろと真澄は、三輪工業の疎開先である岐阜県・関の千手院に仮ずまいしていた。

上野駅を出発して伊達紋別《だてもんべつ》に着いたのは、二日後だ。着いた日、その地は猛吹雪だった。私は仲間と駅頭で別れ、オープンカーならぬ吹きさらしの馬車に乗せられて、頭を抱えながら約四十分間、山道を走った。そのありさま、まるでロシア映画である。

到着した先、つまり北海道有珠《うす》郡伊達町字西関内《にしせきない》は、洞爺湖の近く、昭和新山のすぐそばの伊達紋別の山中だった。私が身を寄せたのは、そこの農家、平井家である。平井家では、父親が亡くなり、次男は戦地に出ていて、母親と長男、三、四男だけが暮らしていた。しかも長男は胸を患って働けない。三、四男は小学生で、まだ幼い。

母親がひとり、一所懸命、働いているのだった。

平井家は貧しかった。灯油が使えず、魚油を使っていた。だから、日暮れになってランプをつけると、魚を焼いているように家の中が臭った。

伊達町の町長は、仙台藩の伊達家の支藩の当主にあたる人だった。かつて、紋別の開拓に従事した殿様の末裔である。町民は町長を「殿様」と呼んでいた。

この地の子どもたちの言葉や素振りがおかしかった。私が持っている文房具とか絵葉書とかが欲しいと、側にやってきて、たぶん幼い子にとっては宝物なのだろう、ビンのかけらみたいな物を差し出しながら「おんつぁん（おじさん）、これとそれと、ばくって（交換して）きねえけや（くれないかね）」というのだ。「ばくる」というのは「馬喰」からきているらしい。こんな言葉が、なかなか分からず、最初のうちは、まじまじと子どもの顔を見ながら、自分が異邦人であるかのように思えたものである。

日課は相当、厳しいものだった。

起床は早朝四時である。起き抜けに馬車を駆って牧場に行き、荷台いっぱい草を刈る。草は乾燥させて、冬の間の飼料にするのだ。その作業を終えて家に帰り、手足を洗ってから、ようやく朝食となる。

朝食後は、また野良に出る。畑は向こうが見えないくらい広い。その畑を二頭の馬で耕すわけだ。Uターンさせる時は「チッチッ」と、舌打ちのような声を出す。このUターンがうまくできるようになるまで、一か月かかった。

ニンジンの種蒔きか間引きをしていた時だったと思う。いきなり頭上の敵機から機銃掃射を食らった。私は、この調子で走ればオリンピックの短距離競走で優勝するだろうというほどのスピードで逃げた。しかし敵機は、その私を狙ってバラバラバラと撃ちまくった。私は道の果ての竹藪の中にダイビングした。

その頃、青函連絡船が沈没して、東京からの手紙が一切、届かなくなった。東京がどうなっているのか、私にも近郷に分散している学友たちにも、さっぱり分からなくなった。分からないとなると、自然、疑心暗鬼になる。デマが飛びかった。「東京では、理工科系学生だけを帰し、文科系の学生はそのまま北海道に残す方針らしい」

文科系の学生である私は、えらいことになったと思った。このまま、ここで嫁さんを貰い、百姓をする運命なのだと思い込んだのである。そこで、いい女はいないかなあと、ずいぶん探した。

要領の良い連中もいた。「ハハキトク　スグカエレ」などと、東京の家人に贋《にせ》電報を打ってもらって帰郷し、そのまま北海道に戻らなかった男がいる。軍の高官を親戚にもつ男は、「何々の徴用を命ず」というような書類を貰い、東京に帰ったあとは家で遊んでいたそうだ。後で聞いてみると、最後まで馬鹿正直に「チッチッ」などといって馬の尻を追っていたのは、私だけだったような気がした。

この北海道時代に悲しいことがあった。真浄寺の寺田慧眼住職が亡くなったのである。

北海道の私に、住職が亡くなったことを知らせる住職の奥さんからの手紙が届いた。私は急遽、岐阜のおやじを訪ね、おやじに「住職が亡くなったから、住職が身を寄せていた愛知県の西尾まで行きたい」といった。おやじは悲痛な面持ちで「行ってこい」といった。

私は西尾を訪ねて住職が亡くなったときの様子を聞いた。住職に近い人たちの話によると、その最期は、こういう風だったらしい。

玉音放送があったとき、住職は袴をつけて正装し、居ずまいを正して天皇陛下のお声に聞き入っていた。そして放送が終わると、いつになく興奮し、怒りをふくんだ声で誰にいうともなく言った。

「政治家や軍人は勝手に戦争をして、しかも敗戦の責任を天皇陛下に押しつけようとしているのではないか。これは、ひどいことだ。天皇陛下は、これからどうなさるのか」

そして、その場に倒れた。

住職の奥さんの親戚筋に航空母艦の艦長で海軍大佐だった人がいる。戦況、必ずしもわが軍にとって芳しからずということが、この艦長から住職の耳に入っていたにちがいない。だから住職には、敗戦の予感はあったはずで、玉音放送を聞いたからといって昏倒するほどの格別の驚愕はなかったはずだ。むしろ当時、片方の腎臓を取っていたこともあって顔色が黒ずむくらい衰弱していたところへ、言うにいわれぬ怒りがこみあげてきて畳の上に突っ伏したのだろう。

住職が亡くなったのは翌十六日の明け方だった。息をひきとる間際まで意識は、はっきりしていたそうだ。その死が敗戦の直後も直後、翌日のことだったから、世間に「真浄寺のご住職は自殺なさったのではないか」という推測さえ流れた。しかし、事実はこういうことだったのだ。このとき、住職は数え年で六十五歳だった。

戦争が終わった

あの日、つまり例の玉音放送の日、私たちは、たしか伊達中学校とかいう学校の校庭に集められていた。校庭の正面に置かれたラジオから、何だか訳の分からない音声が流れ出た。

「アーン、ムニャムニャ、ガーガー、ギーギー、ムニャムニャ」

さっぱり聞き取れない。脇にいる学生にたずねてみた。

「おい、なに、あれ？」

敗戦などとは思いもよらなかった。その何日か前まで、室蘭では米軍の艦砲射撃があって、伊達町かいわいの田畑が揺れていたのである。誰もが、鬼畜米英との戦い、目下たけなわと考えていたのだから、敗戦の詔勅が今、ラジオから流れているなどとは、とうてい信じられなかったのだ。

八月十五日に戦争が終わったあとも、私は北海道にいた。十一月初旬、平井家の次男が戦地から帰ってきた。彼は私を見て目をつりあげた。

「貴様、何者だ」

平井家のおかあさんが、次男を叱った。

「何を言うのか、おまえは。この人が、どれだけうちのために働いてくれたことか。おまえ、平井の息子として、あらためて、お礼を言っておくれ」

次男は、母親の説明を聞くと、大粒の涙を流し、私の手を握った。

それから間もなく、私たち援農学徒は東京に帰ることになった。伊達町から函館本線で函館に着き、船に乗った。道中、派手なアロハを着て、腕に錨《いかり》の入れ墨をしたようなアメリカ人が、ジャックナイフを振りまわしながら、われわれの荷物をチェックしていた。「ヘイ・ユー」などといって、欲しい物を見つけては持って行った。

六　等、父の夢の一部を実現する

「生きた人を楽しませる」芸能人に

私が芸能界と接触するようになったのは、まだ大学に在籍していた頃である。

私は終戦前、大学で軽音楽の同好会を作っていた。ピアノ、アコーディオン、ギター、ドラムのメンバーを集め、敗色濃い時代に軍需工場などを、あちこち慰問していたのである。慰問だから、出演料はタダなのだが、銀シャリ、ステーキ、アイスクリームを食べさせて貰えること、女子作業員にもてることが魅力で、せっせと出かけた。慰問について行けば飯にありつけるというので、今でいう親衛隊気取りの学生仲間が、金魚の糞《ふん》のようについてきたこともあった。親衛隊二十人、客五人。その前で私が、灰田勝彦やディック・ミネの声帯模写をやるなどという、変な公演もあった。すべては食糧難のためである。

終戦の年の暮れか翌年の正月か、いずれにしても焼け跡が、まだくすぶっている時期に、杉並のテイチクレコード本社が新人歌手のコンテストを催した。私も参加して、千五百人の受験者から選抜され、四人の中に残った。プロの歌手になる道がひらけたわけだ。

おやじが若い頃、義太夫語りになりたいと私の祖父、和三郎に願い出たように、私も両親にプロの芸能人になりたいと申し出た。

そのとき、岐阜にいた両親を訪ね、道中、練りに練ってきた殺し文句をおやじに言ってみた。

「坊主は死んだ人間を供養する。芸能人は生きた人間を楽しませる。この俺は、生きた人間を楽しませたいから芸能界に入る」

朝熊の三宝寺に入った折、おやじは檀家の人たちに「私の仕事は死人を供養することだけでなく、生きている人びとの良き相談相手になることです」と挨拶した。私の殺し文句は、このおやじの台詞の線に沿っている。ところが、おやじは一喝したのである。

「生意気をいうな。この馬鹿野郎」

おふくろにいたっては、私を叱る気力さえ喪失したようだった。

「もうこれで、親威に顔向けができない」

そう言って泣きべそをかいていた。

おやじが和三郎に義太夫語りになりたいと頼んだとき、和三郎は「以後、植木姓を名乗ることは許さん」といったことは、前に述べた。古風な人間の頭には、芸能の仕事は正業ではないという観念がしみついていたのだろう。また、おやじの場合は「この東響でさえプロの義太夫語りは断念したのに、等ときたら生意気な」という気持ちもあったと思う。

両親のほかにもう一人、私の芸能界入りを、えらく怒った人がいた。真浄寺の、慧眼住職の奥さんである。

芸能界への道が眼前に拓けたこともあって、私は少々、浮かれた気分で真浄寺を訪ね、奥さんに決心を語った。すると奥さんは「僧になるはずの人が芸能界入りとは何事か。あなたは、何のために修行したのか」と、えらい見幕である。

にわかに真浄寺の敷居が高くなってしまった。その後、懐かしさから寺へ行っても、いざ境内に入るとなると気おくれがして、結局、門番の爺さんと話すだけで帰ることが幾度かあった。昭和二十二年、登美子と結婚することになって報告に参上するまでは、暫く奥さんに会うことがなかった。

終戦前後、わが家の離合集散は目まぐるしかった。北海道から大学に戻った私は、常磐線の北小金駅にほど近い本土寺や芝の青松寺など、臨時の大学寮を転々としていた。おやじは岐阜から東京に帰り、墨田区・東両国の相撲部屋を買い取って転用した三輪寮に住んでいた。おふくろと真澄もやがて東京に移り、おやじと同じ屋根の下に住んだ。

東洋大学卒業間近の等。昭和 22 年 1 月。

昭和二十二年秋、私の声が歌手・植木等として、初めて電波に乗った。その時、すでに東洋大学を卒業し、結婚していた。

当日、NHKのスタジオに行く私に、どういう訳か、おやじと、長男を腹に宿した女房がついてきた。私がスタジオのマイクの前に立って、ふと見ると、おやじと大きな腹を突き出した女房が、録音技師らのいるミキサー室、通称〝金魚鉢〟の椅子に並んで腰をかけていた。

時間が来て、アナウンサーがいった。

「続いてお送りいたします歌は、服部良一作曲、藤浦洸作詞、『ビロードの月』、歌は植木等さんです」

なんとその瞬間、〝金魚鉢〟のおやじがパッと立ち上がった。今まさに歌い始めんとする瞬間である。私は、ドキッとして、あやうくトチるところだった。

後で、おやじにたずねた。

「なんで、あんな時に立ち上がったんだい」

おやじは、いった。

「なんだか自分が呼ばれたような気がしたものだから」

私が芸能界入りするといったら「馬鹿野郎」と叱ったおやじだが、いざとなると、かなりいれこんでいたのである。

独学でギターを習得する

歌手・植木等――とはいっても、正規に音楽の勉強をしたわけではない。譜面が読めない。やはり、何か楽器をやった方が良いのではないかと考えて、一番手軽なギターの練習をすることにした。

しかし、ギターもなければ、月謝を払って先生につく余裕もない。たまたま銀座の遊び人がギターを売るというので、八百円の十回払いで、当時のサラリーマンの給料の何か月分かに当たる八千円のそのギターを買った。

それからは、教則本を買ってきて、昼間はもちろん、妻子が寝たあともテローン、テローンと毎日、ギターを弾いた。時折、おやじが側に来て、「おい、そんなことで商売になるのか」と不安そうに聞いた。私は「いや、そのうち、そのうち」と笑ったが、ギターが商売になるまでには、それから随分、時間がかかった。

昭和二十四、五年、努力のかいあって、私は「スウィング・ジャーナル」というジャズ専門誌に紹介された。見出しには「新人ギターリスト台頭」とあった。写真も入っていた。一流の演奏家として認められたわけだ。私は感激した。ところがその雑誌を見せても、おやじは何の関心も示さなかった。

昭和二十年代後半、おやじたちは代々木にあった会社の寮に移り、私たち親子は荒川区・尾久のアパートに住んでいた。

尾久のアパートは四畳半一間だった。洋服ダンス、茶ダンスを置くと、残りは三畳しかない。そこに私たち家族、つまり私、女房、子ども三人、計五人が住んだ。

できれば、三枚の敷布団を存分に広げて敷きたいところだったが、二枚半しか敷けなかった。「二枚半」というのは、二枚は普通に、三枚目は縦に二つ折りにして敷いたということである。ある夜、長男の広司が、つくづく述懐したものである。

「一度でいいから、ちゃんと延ばした布団で寝てみたいものだなあ」

終戦直後は、「食」と「住」だけでなく、「衣」にも不自由した。バンドマンとして、衣装は粋《いき》にまとめたい。しかし、とてものことに、そうはいかない。

ほとほと弱っていると、おやじが背広をくれた。真珠王、御木本幸吉の実弟、斎藤信吉がおやじにくれた英国製の背広である。「由緒のあるものだから、大事に着ろよ」と、おやじは大層な勿体《もったい》ぶりようだった。

背広なんてものは、由緒のない方がよい。その濃い茶色の背広、衿がすり切れ、白い芯が覗いていた。とても人前で着られるような代物ではない。

しかし、他に着るものがないのだから、この古文化財を着るほかはなかった。それで、外出する前には墨をすり、白い芯を筆で黒く塗ることにした。

が、毎度毎度の墨塗りには飽いてくる。墨がシャツにつきもする。それで、いろいろ工夫したあげく、背広の衿の外側にシャツの衿を出すことにした。終戦直後、真冬でもシャツの衿を背広の外に出して歩いた男は、私ぐらいのものだろう。

知り合いに、酒好きで腕の達者な洋服屋がいた。「これ、もう、どうにもなんないから」という古着であっても、その腕達者は「いやいや大丈夫、裏返しにするから」と、いつも見違えるように修繕してくれた。

かの由緒ある背広を、思い立ってこの洋服屋に委ねた。彼は裏生地をはがし、表の生地を裏返しにし、見事、新品同様にしてくれた。「すごい」と感嘆して、私は面目を一新した古文化財を着用した。

ところが気がつくと、ポケットが右側についている。

「あれっ、ポケットがこっちに来たの」。私は当分、冠婚葬祭のたびに、この珍妙な背広を着たが、ただ胸のポケットにハンカチをさすことは、できなかった。

終戦当時、電波といえばＮＨＫラジオしかなかった。そのうち時代が進んで、テレビ時代が到来した。

「スーダラ節」は親鸞の教えに通じる

昭和三十四年、フジテレビが開局して、「おとなの漫画」という番組がスタートした。私は、クレイジー・キャッツの一員として、日曜から土曜までの昼、この番組に出ていた。

そうこうしているうちに、三十六年、突然、「スーダラ節」という歌を歌えといわれた。作詞は、いま参議院議員をしている青島幸男である。歌詞を見ると、コミック調だ。

「俺は二の線（二枚目）で、ずっと通してきたんだ。こんな馬鹿な歌が歌えるか」

私は断り続けた。しかし、とうとうねじ伏せられて、その年の夏、半袖シャツ、ステテコ、腹巻き、ゴム草履というでたちで録音した。

この歌の反響は大きかった。「あの歌を歌った男は、今までの芸能界では一度も見たことのないタイプだ。あの男を主役にして映画を撮ろうじゃないか」。東宝が、こういう話を決め、私のところに出演依頼に来た。

なにしろ主役というのだから、私はもう、天にも昇る心持ちだ。

「おい、おやじ。えらいことになったよ。俺、『ニッポン無責任時代』って映画で主役を演《や》ることになった」

ところが、おやじは渋い顔で言ったものだ。

「そんな映画、誰が見るものか」

しかし、おやじの予言に反して歌も映画もヒットした。こうなると、おやじは、しろっとして言ったものである。

「だいいち『ニッポン無責任時代』というタイトルが面白いからなあ。それに『スーダラ節』の文句は真理を突いているぞ。青島君は良いところに気がついた。あの歌詞には、親鸞の教えに通じるものがある」

「へえー、どこが親鸞に通じているんだい」

　そう聞くと、おやじは言った。

「わかっちゃいるけど、やめられない。ここのところが人間の弱さを言い当てている。親鸞の生き方を見てみろ。葷酒《くんしゅ》山門に入るを許さずとか、肉食妻帯を許さずとか、そういうことをいろいろな人が言ったけれど、親鸞は自分の生き方を貫いた。おそらく親鸞は、そんな生き方を選ぶたびに、わかっちゃいるけどやめられない、と思ったことだろう。うん、青島君は、なかなかの詞を作った」

　柳の下に五尾、十尾の泥鰌《どじょう》を求めるのが映画界である。「ニッポン無責任時代」の「日本」と「無責任」を別々にして、「日本一」と「無責任」とを題名に折り込んだ二種類のシリーズの映画を次々、製作した。「日本一の色男」「花のお江戸の無責任」「無責任清水港」「くたばれ無責任」など、合計何十本も撮りまくったのである。

「ブルーリボン大衆賞」を受賞する

四十一年春、東京の新聞記者クラブが、私に「ブルーリボン大衆賞」をくれた。その受賞祝賀パーティーが、赤坂の「アマンド」地下にあるレストランで催された。エノケン、森繁、伴淳、加東大介らが来てくれた。「ここが親孝行のしどころだな」。私は、おやじに電話した。

「こんなに大勢、お祝いに来てくれるとは思わなかったよ。ここで一番、おやじから一言、お礼を言ってほしいんだ」

おやじは、目黒の家からタクシーを飛ばして来てくれた。そのとき、演壇に登場したおやじの出《で》と入《い》りが実に堂々たるものだった。挨拶の中身も良かった。おやじは大体、こんなことを言ったと記憶している。

「ジャーナリストと植木等の仲立ちをしてくれ、バックアップをしてくれたのが、あなた方です。私には芸能界のことは良く分かりませんが、植木等は、なにせまだ若輩で海のものとも山のものともつきません。皆さまの御指導がなければ、とうてい、やっていけないでしょう。なにぶん今後とも、よろしくお願い申しあげます」

森繁先輩が、そのあとで「植木君、きょうは、いろいろな人がしゃべったけれど、君のおやじさんの話がナンバーワンだったよ」といってくれた。

私は、この栄誉に有頂天だった。「次は主演男優賞だな」などと、おやじが言った。胸中、希望がいっぱいだった。しかし、その私に、パーティーのあとで、

「おい等、おまえ、こんなことをやっていて、いつになったら本物になるんだ」

この一言は、こたえた。

これまで芸能界で過ごしてきて、まざまざと見てきたのは、売れている役者と売れていない役者に対する監督らの差別である。

映画で留置場のボス、いわば牢名主のような役を演じたときだった。私が歌を歌ったり、同房の囚人に肩をもませたりしているところへ、警官役が飛んできて格子の間から顔を出し、「誰だ、いま大きな声で歌を歌ったのは」という場面があった。

この時も、映画監督の主役と端役に対する態度が、おそろしく違っていた。

撮影所の仕事が始まる朝九時から警官役の役者を待機させ、十一時半になると、ようやく「おい、お巡り役を呼んでこい」という。そして、十二時までテストのやりっぱなしだ。「ヨーイ、スタート、カット」「ヨーイ、スタート、カット」。こうしてテストを繰り返し、最後には「ヨーイ、スタート」とだけいって「カット」をいわない。

そのまま、「さあ、食事にしよう」と休憩に入ってしまう。

警官役は、また延々と待機する。四時半ごろ「おい、お巡り役」と呼び出され、またテスト、テストである。食うや食わずの月給しか貰えないのに、「誰だ、いま大きな声で……」と、二日も三日もやらされていた。

私は、こんな場面を見るたびに「自分よりも、ずっと長く役者をやっている人が、こうして下積み生活を送っているのだ。俺は、よほど運の良い男にちがいない。こういう扱いを受けている人たちを大事にしないと、俺も長続きしないな」と、考えた。

話は、ちょっと先に飛ぶのだが、私が一戸の家を構え、おやじと落ち着いた暮らしを始めた頃、すでにおやじの足腰は弱ってきていた。隠居所から庭の飛び石伝いに私の家に来る時にも、足の裏を地面につけて、にじるように歩き、時折、石を踏み外してはトットットッと、よろけたりしていた。しかし、よろけはするが、かろうじてバランスを保ち、絶対に倒れないで体勢を立て直すのだった。

私が舞台で「王将」の坂田三吉を演じたとき、このおやじのよろけ具合をサンプルにした。

三吉が長考のすえに敗北して、弟子に手をひかれ、対戦会場から旅館の自室まで庭を歩いて行く。失意と衰弱とで、よろよろしている。このよろよろ具合に、おやじの姿を使ったのだ。

おやじが、この舞台を見た。見たあと、私にいった。

「おい、等、俺の真似をしたな」

自分の芸が盗まれた、という風な口調だった。おやじが私の芝居を見たのは、この「王将」が最後である。

「心」派のおやじ、「形」派のおふくろ

役者には、大別すれば、「形」から入るタイプと「心」から入るタイプとがある。「形」から入る役者は、衣装、メーキャップ、小道具に凝る。「形」を整えると、おのずから「心」が備わってくると、このタイプの役者は考えるのである。

一方、「心」から入る役者は、まず、その役柄になり切ろうとする。脚本全体のなかで、自分が、どういう位置を占め、どういう役割を果たすべきかを、最初に思案するのである。このタイプは、役柄の「心」をつかめば、その「心」の発露として「形」が自然に表れると信じているのだ。

私のおふくろは、役者でいえば「形」から入るタイプだった。朝熊の三宝寺にいた当時、僧衣をまとった私が腕白たちに襲われ、鼻血を出しても抵抗しなかったことは、すでに話した。あの時、私がなぜ抵抗しなかったかといえば、「僧」としての「形」

徹誠といさほ。昭和25年冬。

を大事にしろという、おふくろの言いつけを守ったからである。おふくろは「衣《ころも》を着たときは、胸を張り、背筋を伸ばし、視線は水平より上向きにして歩くよう。それから、高い調子で早口に話してはいけない。ゆっくりと分かりやすく話すように」と、いつも教えたのだった。

このおふくろに対して、おやじは野放図なばかりに「心」派だった。

栗谷の常念寺にいた頃、おふくろは近所の娘たちに裁縫を教えていた。ある日、おやじがパンツ姿で裁縫に使う物差しを持って、「おい等、ちょっと本堂に来い」といった。ついて行くと、おやじは御本尊を物差しでコツコツとたたいて言った。

「これは木を彫刻して金粉を振りかけてあるだけの物だ。本来、こうした物を拝むのは偶像崇拝といって好ましいことではないのだが、何かを祈り、念じる時には、目の前に対象物がないと頼りないものだから、便宜上、ここにこうした物を置いてある」

役者をしている私が、おふくろの「形」派に近いのか、おやじの「心」派に傾斜しているのか、自分では判定がつけ難い。しかし両親の生き方が、私の役者観に、なにがしかの影響は与えていると思っている。

「ブルジョア階級のおもちゃを作るのは不本意だ」

昭和三十年頃、おやじたちは代々木の三輪寮に住んで装飾品工芸の職人を一人、養成していた。私たち夫婦と子どもは、荒川区のアパートに住んでいた。

ある日、おやじがいった。

「等、いつまでもアパート住まいをしていては駄目だ。俺もこんなところで暮らしていては、弟子の養成が一人しかできない。この際、家を買おうじゃないか。お前の貯金を全部、持ってこい」

私は、それまでの四年間、必死になって貯金をし、その額は、ようやく六万円になっていた。おやじの言いつけ通り、その貯金を持って、私はおやじの所へ行った。ところが、おやじは、

「なんだ、これだけか。この馬鹿野郎」

といった。私は恐縮した。そして、おやじはいくら持っているんだろうとたずねてみると、おやじは、けろりとして、

「俺は一銭も持っていない」

というのである。これには参った。

とまれこうして、三十一年十二月に私たちは目黒へ移り、おやじたちと同居することになったのである。

この目黒の家で、おやじは「有限会社・五協」を創設した。会社とか工場とかいっても、応接間風の離れを改造したささやかなものである。周囲に仕事用の台をめぐらし、そこに貴金属の彫刻道具を並べただけの部屋が、つまり工場だった。

おやじは、ここで職人を養成した。弟子の数は初め二、三人、後には五人になった。腕を磨かせ、世帯を持っても十分にやっていけるようにしなければならぬと、おやじは弟子を熱心に仕込んでいた。「五協」は、いわば職業訓練所のような役割も果たしていたのである。

ひとに物を説くとき、おやじは相手の年齢や人生経験に応じて話し方を変えたものだ。貴金属工芸の技術を教えるときにも、おやじは同じやり方をした。相手の資質や

経験を見て教授方法を変えるのである。これは天才型、この男は大器晩成型、こっちは並み、と胸中、厳格に弟子たちを区別していたようだ。

作業は、こんな風にする。

鉄製の輪に鍋で煮て軟らかくした松ヤニを載せ、その松ヤニが軟らかいうちに、これから彫刻しようとする貴金属を固定する。松ヤニが硬くなると、貴金属はもう、ピクリとも動かない。

貴金属がしっかり固定したところで、砂の入った円座に鉄の輪を載せる。すると、鉄の輪は上下左右、自由に動き、しかもグラグラしなくなる。

最も初歩的な技術は、こうして固定された貴金属に真っすぐな、深いところ浅いところのない線を刻むことである。おやじは、鏨《たがね》を手前に向けて持ち、小さい金鎚でチョンチョンと打って器用に直線を刻んでみせた。

風呂敷の唐草模様のような紋様を金属の表面に刻むのは、直線の彫刻に比べれば、かなり高等技術である。おやじは、まず自分で彫ってみせ、次に弟子に彫らせた。まずいところがあると、そうなるのは、そうするからだとか、ここを注意すればうまくいくとか、実に懇切ていねいに教えていた。そして疲れると、弟子の長幼には関係なく「おい。これはきみの方がうまいから、きみが教えてやれ」と、弟子同士で相互教授をさせていた。

仕事は結構、あったようだ。昔のよしみで、御木本も下請け仕事を出してくれたらしい。

ただ、その時のおやじの生活と、それまでのおやじの生活が、あまりにもかけ離れていたこともあって、おやじは柄にもなく「五協」の仕事に照れていたような気がする。私に弁解口調で、こう言ったことがある。

「等。こうしてブルジョア階級のおもちゃみたいな物を作って生活してるなんてのは、もともと俺の本意じゃないんだ。しかし、おまえに経済的な負担をかけたくないから、こうして仕事をしている」

私は「おやじ、粋《いき》がるなよ」と笑ったが、一途なおやじの気持ちとしては、そりゃそうだろうと納得していた。

妹、真澄の結婚

両親に死なれ、二人の兄に死なれ、今ではたった一人の妹になってしまった真澄が、どんないきさつで歴史家、川村善二郎と結婚することになったかを、ここで話しておきたい。

前にも触れた通り、終戦後まもなくの二十三年ごろ、わが家は三輪工業の両国寮に住んでいた。

一、二階とも、その寮の廊下と階段は広かった。廊下の両側には、たくさんの部屋が並んでいて、部屋の窓は丸かったり粋な格子が入っていたりした。私は初め、てっきり、この寮は料亭だったのだろうと推測していた。ところが実は、三輪工業の寮になる前は相撲部屋だったのである。図体のでかい人ばかりが住んでいたのだから、廊下と階段の幅が広いのも道理である。

この寮には当時、三輪関係の家族と、それ以外の被災家族が大体、半分ずつ住んでいた。全部で何世帯いただろうか。とにかく大変な賑やかさだった。

二十三年春、この賑やかな寮に東大の新入学生が戻ってきた。川村である。川村は、岐阜で生まれ、東両国で育った。三月十日の大空襲で焼け出されて、一家は転々としたすえ、多くの被災者とともに、空いていた相撲部屋に転がり込んでいたのである。

戦後の一時期、川村は相撲部崖に住む両親と離れて浦和にある旧制高校の寮にいた。そして大学入学と同時に再び家族とともに暮らすことになって、三輪寮となっていた「わが家」に帰ってきたのである。ここで、川村と真澄は、同じ住民として、また、地域の青年会活動を通じて、初めて出会った。

私の両親は、この歴史学を志す川村青年に、折にふれ三重県の部落差別の様子や自分たちの考え方を話したらしい。しかし、その時の川村にしてみれば、部落問題についての知識といえば島崎藤村の「破戒」ぐらいのものだった。おやじたちの話を聞いて、「藤村が書いたような差別が、最近でも三重県下に残っているのか」と、感じた程度だったという。

川村が今でも悔いるのは、おやじたちが部落問題について話したとき、直ちに調査・研究にとりかからなかった、ということである。もしあの時、朝熊に行っていたら、全国水平社三重県連委員長の新田彦蔵ら古い活動家がまだ生きていて、会うこともできたわけだ。そうすれば、なまなましい歴史的事実を記録することができただろうにと、彼はいつも、そう言う。

三十五年の六〇年安保闘争のあと、川村は「もっと民衆に密着したところで研究のテーマを立てなければならない」と考え始めた。その時期に改めて思い返したのが、おやじやおふくろから以前に聞いた部落差別の歴史である。

翌三十六年、解放同盟が部落解放国策樹立要求運動の一環として、福岡から東京まで、各地の県や市に行政交渉をしながらデモ行進をやった。伊勢からもデモ隊が出発して、名古屋で本隊と合流、東京にやって来た。朝熊の中西長次郎ら幾人かは、その時、目黒のおやじの家に泊まった。

久しぶりに同志に会ったのである。夜もすがらおやじたちは語りあった。そして、こんな話が出た。

そもそも、あの朝熊の区制差別に反対した闘争は、明治時代の地租改正に反対する「伊勢暴動」、昭和初期の森村山林大争議と並んで、明治以来に三重県下で行われた三大民衆闘争の一つだとされている。ところが、闘争の中心部にいた闘士たちは、あの闘争の全貌を必ずしも知らない。しかも、自分たちの記憶も二十年余の時が経つうちに薄らいできている。この際、生きている者が自分の記憶を語り、資料を集め、闘争を知らない世代のために記録を残そうではないか――。

そして、おやじは学究の徒、川村に白羽の矢を立て、「どうだ、やってみないか」といった。川村はちょうど部落問題に取り組む必要を感じ始めていた時だったので、即座に「やる」といった。

その後、川村は頻繁に朝熊を訪ね、丹念に資料を集めて、部落差別の内容、糾弾闘争の経過、その意義などをまとめた「報告」を書いた。今では、知る人ぞ知る、「朝熊闘争」という言葉も、彼が使い始めたのだと思う。

母いさほ死す

善ちゃん、つまり歴史家・川村善二郎と真澄が一緒になると決まったとき、おふくろは築地の国立がんセンターに入院していた。二十八年春のことである。真澄がずっと付き添って看病した。

ある日、おふくろを見舞うと、おふくろはベッドの下から細い手でへそくりを出し、私に手渡した。

「こんな状態だから、なにも真澄にしてやれないけれど、これで鏡台を買ってきてやっておくれ。それから、鏡台を買ったら、私に見せておくれ」

私と真澄は、二人がかりで重い鏡台を抱え、シーンと静まりかえった病院の廊下を歩いた。おふくろの部屋に鏡台を運び入れて、

「これ、買ってきたよ」

というと、おふくろは、私と真澄が高く差し上げた鏡台を見て、涙ぐんだ。

「よかった、よかった」

これがせめてもの、母親としての結婚祝いだよ、という気持ちが私と真澄の心にしみた。

母いさほの葬儀の日。左より、長女真由美を抱く登美子、等、真澄、徹誠、長男広司（前）、徳雄。

真澄が、そんなある日、おふくろの大好きなハクモクレンの花を買ってきた。ところが「ほら、おかあさん」と、そのかぐわしい花を見せても、おふくろは無表情な顔で花を見ているだけである。まったく反応しない。以後、意識不明が続いた。

数日間、意識不明が続き、いよいよ容態は悪化した。おやじの指示で、川村がおふくろの実家である伊勢の西光寺の住職、つまり、おふくろの弟、小幡徳雄に電報を打った。電報文も、おやじの指示によるものだった。「イサホキトク　スグコイ　コロモヨウイ」。間もなく叔父の徳雄が僧衣を抱えてやってきた。葬式をすませて帰るつもりである。

話は少し脇道にそれるが、この徳雄、おふくろより十二も年下である。幼い頃はいつも、おふくろに背負われていた。

おふくろが、西光寺の近くにつながれている小牛の傍を通ると、この背中の子は決まって泣いた。「こわい」と発音できないものだから、徳雄は「べエー、こらい」と泣いた。「べエー」とは小牛の鳴き声である。親牛の鳴き声は「モー」、小牛は「べエー」と聞こえるのである。

そんな訳で徳雄は成長し、住職になってからも、ここぞというとき、おふくろに頭が上がらなかった。

「何いってんだ、徳雄は。べエーこらいって、私の背中で泣いたくせに」

この一言で、たいてい徳雄は黙った。

さて、その叔父が駆けつけて間もなく、医師は「何を食べさせてもよろしい。退院を許可します」といった。とうとう見放されたのである。

代々木の三輪寮に帰ってから一週間たっても、おふくろは意識不明のまま生き続けた。叔父は留守にしている寺のことが気がかりになり、いらいらし始めた。

「おい、姉さん、まだ生きてるか?」

朝食の用意ができましたと呼びに行った私に、叔父は思わず、こう言った。男兄弟って者は、薄情だなあと、その時、思った。

暗闇のような意識に、すうっと薄日の射し込むような瞬間があるらしい。あるとき、おふくろが、うわ言で、

「きれいな花ねえ」

といった。ハクモクレンを買って来た真澄に対する、何日か経ったあとの返事だったのだと思う。そのうわ言のあと暫くして、おふくろは息をひきとった。昭和二十八年四月二十二日。五十歳だった。

徹誠の再婚

私がバンドマンをしていた頃、一か月の契約をすると、月給は三十日目にくれた。かりに二十五日目に支払えば、二十六日目から来なくなるというおそれがあるからだ。ところが、私があるバンドから次のバンドに移ったとき、そのバンドは契約一日目に前月給で一か月分をくれた。きのうは後月給、きょうは前月給と、いっぺんに財布がふくらんだのである。

こんなことは、私のバンドマン生活で、たった一度だけだった。私は女房に、武蔵

小山の商店街でハンドバッグを買ってやった。和服にも洋服にも似合う、ちょっとした高級品である。一世一代、清水の舞台から飛びおりたつもりだった。

長い間、粗衣粗食に甘んじてきた夫婦だった。丑の日、鰻を食おうと外に出ても、結局は泥鰌しか食べずに帰ってくるつましさだった。だからこそ、女房はこのハンドバッグを大事にした。

「おかあさんも、お出かけになる時は、いつでも、お使い下さいね」

女房がそういったものだから、おふくろも、このハンドバッグを度々、持って外出した。

ところが、おやじが、おふくろの死後、このハンドバッグを持ち出して、新宿の、バーのホステスか誰かにプレゼントしてしまったのである。女房が烈火のごとく怒った。

「おとうさん。なんとしてでも取り戻してきて下さい。あのハンドバッグには、思い出があります。おかあさんも、あのハンドバッグがお好きでした。おかあさんについても思い出があるのです。それを、おとうさんは、どこの誰とも分からぬ人にあげちゃうとは、いったい、どういうことなんですか」

もし息子の私がこういったとしたら、おやじは例のごとく「何いってんだ、馬鹿野郎。一度やったものが取り返せるか」といって、とりあわなかっただろう。しかし、血のつながりのない女房が言ったものだから、おやじは相当こたえたらしい。体裁の悪さを我慢して、おやじはハンドバッグを取り戻してきた。

こんな具合で、おやじの生活には、その頃、かすかな脂粉のかおりが漂っていたようだ。日暮れになると、つれあいのいない淋しさからか、飲めもしないのにネオンの街に、ふらりと出かけて行く夜が続いていたのである。

そんな事情を察して、渋谷の代官山に住んでいた叔父の佐藤保造が訪ねてきた。

「おやじに後釜《あとがま》をもたせろ」

と、叔父はいった。

その頃すでに、真澄と川村の結婚が決まっていたものだから、私たち兄妹にも、真澄がいなくなったあと、おやじの面倒をみてくれる後添えがほしいという気持ちがあった。そこで、私と真澄が町内の世話好きなおばさんの所へ行って、おやじの写真を預け、「良い女性《ひと》がいれば、よろしく」と頼んだ。

幸い、このおばさんが山梨の親戚筋の女性を連れてきてくれた。志満子という昔風の女性である。その年の夏、志満子が、尻にはれものができて寝ていたおやじの看病をしてくれた。それがきっかけで急速に二人の心が通いあったのだろう。間もなく二人は結婚した。

子どもの名に心を托して

親が子につける名前には、その時の親の願望や人生観、時には世相までもが如実に現れているものである。

たとえば「忠臣」などというのは、忠君愛国の時代に生まれた子以外、まずつけられることのない名前だ。「譲治」などという名前は、「この子が外国人とつきあうようになったとき、ジョージ、と気やすく呼んでもらえるように」という国際化志向の親の気持ちを表現している。

私たち兄弟の場合も、例外ではない。四人の名前を出生時の順番に眺めると、おやじの人生観の変遷が察せられるように思う。

長兄が生まれたとき、おやじは二十代の半ばだった。御木本の工場ストライキの興奮が、おやじの胸中に、まだ消えないまま残っていたにちがいない。第一回労働学校に出席していた頃のことだから、社会改革への意欲が燃えてもいただろう。この時期には、おやじは目の前に立ちふさがる壁があれば、その壁を突き崩すべきだと考えていたと思う。壁は断固、突破する。かりに壁が牢固としていて突破できなくても、果

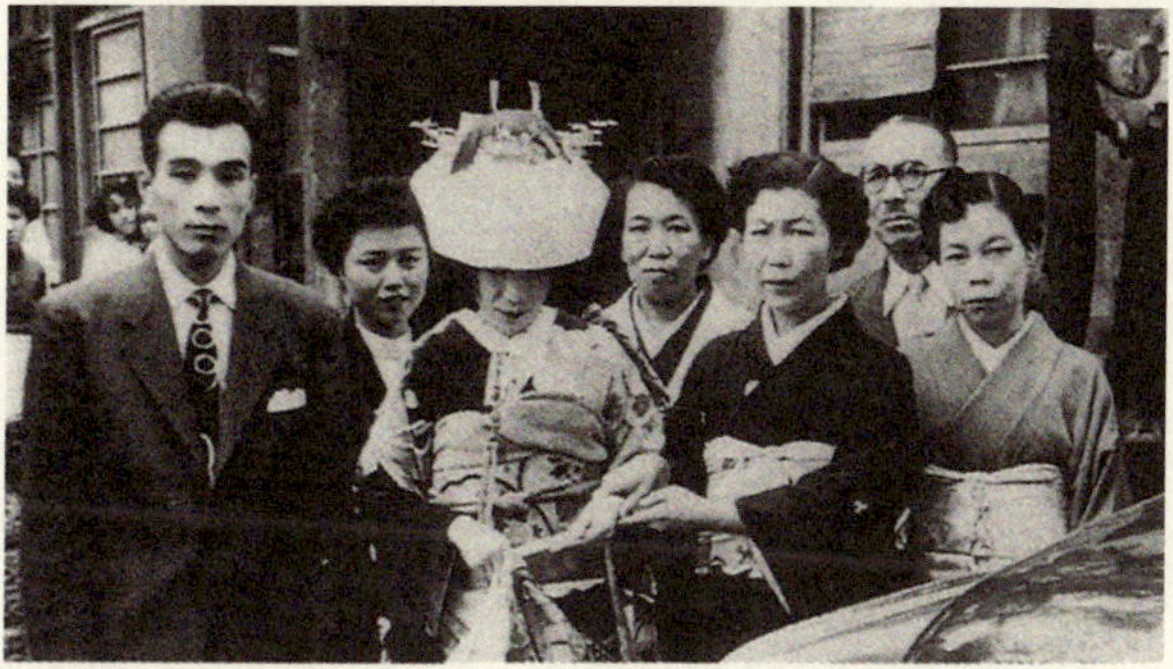

真澄嫁ぐ日。前列左より、等、真澄、佐藤政（徹誠妹）、志満子、その左後ろ徹誠。昭和28年11月。

敢に突貫すべきである。そう考えていたからこそ、長男の名前は、おやじ自身の名、「徹之助」の一字をとり、難関もなんのその、初志貫徹をするのだというので、「徹」である。

二十代も終わりに近づいて、次男が生まれた。おやじは壁に突貫して、何度か前歯を折っていたことだろう。あるいは、せいては事を仕損じる、と考え始めていたかもしれない。いずれにしても、難関を突破するには時間をかけ、地道な努力を続けることが肝要だと考えた。そこで、わが子よ勤勉たれと、「勉」という名前を選んだのである。

三十の峠を越してから生まれた三男、私にはすんなり「等」と名づけた。絶対的平等が人間社会の根本だ、という理想を、いわば宣言したのである。私は、この名前を誇らしいと思っている。本名も芸名も、この名前一本でやっている。

四番目に初めて女児が生まれ、おやじは「真澄」と名づけた。邪念から解きはなたれた純粋な心を、と願ったのだろう。初めて女児を得て、はからずも、おやじのロマンチシズムが覗いたようだ。

おやじの思想と日常生活

私に「等」と名づけるほど、おやじは自分の理想の根本を「人間平等」においていた。だから、日常の雑談や、ちょっとした素振りにも、その思想の片鱗を垣間見せることがあった。

片鱗の一つ二つをあげると――。

おやじの食事は、ずいぶん時間がかかった。ごはんを一粒ずつ噛むような感じで、ゆっくりと味わうのである。ガアッと、勢いよく食べたり、ごはんとおかずを一緒に口に入れたりすると、「そういう食べ方は、百姓や漁師に対する侮辱だ」と怒った。ごはんはごはん、おかずはおかず、と別々に味わって、初めて食物を作ってくれた人に対する感謝の念、その生活に対する思いやりが心中に生じるのだと、おやじは真面目な顔で説いた。

真澄は、こうした食事の仕方は、おやじの強いられた生活習慣から出たものだろうと、こういう。

獄中にあった頃、おやじは、ひもじい思いをしていた。たとえば、おつゆに入っている煮干しを皿の上に取り出し、まず片身を食べる。食べ終わると、今度はひっくり返して残りの片身を食べる。そして頭と骨はそのまま残しておき、就寝前に、その骨をしみじみ眺めてから食べる。そんな生活をしていたと、後におやじは語っていた。

煮干しを、こんな風に食べる習慣ができれば、ごはんの上におかずをのせ、ガアッとかき込むような食事の仕方は、感謝とか思いやりとか以前の、生活習慣として考えられなくなってくるのは当然である。真澄は、そう想像するのだ。

私は、こうしたおやじの日常生活を見ていて、「偉いものだ」と思うこともあった。しかし、そう思いながらも時折、おやじをからかってみたくなることもあった。

「それじゃあ、寿司はどうなってんだい。シャリの上に刺し身をのせて、ごはんもおかずも一緒くたに食うなんざ、おやじの論法からすれば、感謝も思いやりもない不埒《ふらち》なこと、というわけかね」

こういうことを私がいうと、おやじは、たいていニヤッと笑うか、「屁理屈をいうな」と、ジロリ、私を見るかした。

だ。

　屁理屈といえば、こんなことが、しばしばあった。

　私が、おやじに熱弁を振るう。われながら理路整然と、自分の考えるところを話したという気になっている。

「どうだ、おやじ、卓見だろう」

　そう言いたいのを我慢して、おやじの反応を待っている。おやじが、ポンと膝をたたき、「でかした、等」とでも言うかと、わくわくしている。ところがあにはからんや、おやじは物悲しい顔つきで、私の意見を屁理屈だとでもいうように、こう話すのだ。

「等、そりゃ、食える人間の発言だ。食えない人間は、そんなこと、言うはずがない。おまえは根本的に勘違いしている」

　おやじは、私が、どこをどう勘違いしているかについては、いつも何も言わなかったように思う。どんな問答を、おやじと交したかについてさえ、私は、はっきりとは覚えていない。しかし、「食えない人間は、そんなこと、言うはずがない」という一言と、そう言われた時、私の身内に走った恥ずかしさは、今も、はっきり覚えている。

　おやじは、疑いもなく、谷底にいる人間の味方、平等思想の持ち主だった。しかし、かといって周囲の人間ことごとくを一律に扱ったわけではない。四人きょうだいのう

東京・武蔵関公園で孫と遊ぶ徹誠。昭和35年春。

ち、私と真澄の二人しかいなくなってからも、おやじの、二人と、その家族に対する扱いは違っていた。

妹の子どもたちは、おやじのことを「すごく良いおじいちゃん」だと思っている。おやじの前で、子ども同士が組んずほぐれつの立ち回りをしても、おやじはにこにこしていて、文句なしの好々爺だったのである。ところが一方、私の子どもたちにとって、おやじのイメージは「怖いおじいちゃん」であった。無理もない。おやじと私の一家が目黒で同居していた頃、子どもたちが歩くとき少しでも音を立てようものなら、たちまち「バタバタ音をたてるなあ」と、おやじの怒声が飛んだものである。ひとを見て法を説く、という言葉があるが、おやじは外孫と内孫を、それぞれ別々のやり方で扱っていた。

そんな訳で、私の子どもたちの立ち居振る舞いは自然、静かになっていた。某日、事情を知らない真澄が目黒に遊びに来たときのことだ。そおーっと立ち、そおーっと歩き、ひそひそと小声で話す私の子どもたちの様子を見て、真澄は心配そうに私に言った。

「おにいさんとこの子ども、どこか体の具合が悪いんじゃない？」

「割り切れぬまま割り切れる浮き世かな」

この目黒時代、おやじは六十代に入っていた。ここで、おやじはもう一度、社会運動に首を突っ込むことになった。戦前、戦中の弾圧から戦後になって解放されたとき、おやじは古い「闘友」に印象をたずねられ、わが身を籠から出されてキョトンとしている鳥になぞらえたそうだが、その鳥もようやく、もう一度飛んでみようと思い立ったわけである。

すでに老いの影を背負いはじめていた鳥が、いま一度の飛翔を試みたきっかけは、六〇年安保闘争のデモ隊に近所の人たちと連れ立って参加したことだった。その翌日、目黒の家の二、三軒先で開業している久保全雄《まさお》医師のところへ診察を受けに行ってデモ参加の話をしたら、久保医師から「民主商工会（民商）に入らないか」と勧められたのである。久保は、新日本医師協会の幹事長などをつとめ、後に日本学術会議の会員になった人だ。

おやじは、その年、民商に入り、三十八年秋から四十三年にかけては目黒民商の会長をつとめた。当時、おやじと交流のあった全国商工団体連合会（全商連）の進藤甚四郎副会長によると、会議の席上で、おやじは原則的なことだけを、ぽつりぽつりと話したそうである。

「民主的な運営をすることが大事だよ」

「民商が幹部だけの組織になってしまってはいけない」

「会員の要望に応えられるようにしよう」

おっとりと、おだやかに、原則的なことを言うのだから反発はなさそうなものだが、なにぶん民商というのは業者の団体である。会員が全部、原則的な考え方をするわけではない。ときどき、おやじの発言がきっかけで気まずい空気が流れることもあった。そんな時、おやじは「言いすぎたか」と、頭をかいた。おやじは、妥協しないが感情的ではなかった。原則的ではあっても硬直していなかった。

おやじは、ずいぶん親しまれたらしく、目黒の民商はおやじの会長就任以降、いきいきしたそうだ。

進藤副会長も、かつておやじ同様、治安維持法に違反したとして、捕まったことがある。椅子に縛りつけられて金棒で腿《もも》を殴られ、気絶すれば水をぶっかけられた。進藤とおやじの、この共通の経験が二人の気持ちを近づけたらしい。

「お互い、頑張って良かったな」

二人は、そう語りあった。

おやじは私のことを、あまり話題にしなかったそうだ。ただあるとき、背広の下に着こんだ毛皮のチョッキを進藤にほめられて、「これは等の嫁が北海道の土産に買ってきてくれたものだよ」と嬉しそうに言ったという。日頃、家ではブスっとした顔つきのおやじだったが、あれで結構、嫁自慢もしていたのだなあ、と後で分かった。

おやじが、おやじを活動に誘い入れた久保に頼まれ、揮毫《きごう》したことがあった。

「割り切れぬまま割り切れる浮き世かな」

おやじは、そう書いた。ところが、久保は、れっきとしたコミュニストである。

「これは、私の思想とは合いませんね」

と、書を見ていった。この時、おやじがどういう風に答えたか、それは知らないが、ともあれ、おやじが縷々《るる》説明すると、久保は「なるほど」と納得して、書を納めたそうだ。

青島幸男の「わかっちゃいるけど」という詞に、おやじが共感していたことは前に述べた。「割り切れぬまま」という、おやじ自作の句にも、この青島の詞に響きあうところがあるような気がする。

こうした心境を、義弟の川村善二郎は、おやじがまだ若かった頃の獄中述懐ではないかという。あるいは、そうかもしれない。しかしまた、老境に入り始めた闘士が、わが身の古傷を「ひい、ふう、みい……」と数えながら、それでも落胆せずに、希望を奮い立たせつつ吐いた詠嘆であるかもしれない。現に、おやじは、「要するに世の中のことで、どうにもならないってことはないんだ。歳月が経てば必ずどうにかなるんだ」

と、いつも言っていたのである。

「あの世で親鸞に合わせる顔がない」

おやじが八十二歳の、昭和五十二年晩秋だった。おやじの食事の仕方がおかしいことに、私は気がついた。ごはんを噛み終わらないうちに、おかずを口に入れ、それをまだ口中に残したまま、別のおかずに箸をつけているのである。ごはんとおかずを一緒に口に入れることは、自分の根本思想とあいいれない、といわんばかりだった私のおやじ、植木徹誠の心身に異常が起きたと悟って、私は慄然とした。果たせるかな、その翌日、おやじは倒れた。

私がフジテレビの仕事をすませ、午前二時ごろ帰宅すると、おやじがいない。「どうしたんだ」とたずねたら、自宅近くの井上外科胃腸科病院に入院したという。病院へ急行すると、おやじは鼻に管を通し、すやすや眠っていた。病名は、脳軟化症だった。

その年の大晦日、おやじの意識は、まだはっきりしていた。おやじは「あしたは正月なんだから、正月は家で過ごす。きょう、いますぐ退院するから準備しろ」と、ごねるのである。私は「いや、今すぐ退院したら、よけい悪くなるから、もうちょっと待ってくれ」と、必死になって、おやじをなだめた。

年が明けた、一月二十一日は、おやじの誕生日である。私たちは、その日に退院させて、わが家で誕生祝いと退院祝いをしたいと思った。医者に相談したら、医者は「この状態で外気に触れるとポクッといくから、当分、動かすのは無理だ」という。そこで、何か良い手はないかということになり、結局、二十一日を退院の日と定め、その約一週間前から輸血を始めることになった。

たぶん、この輸血がきいたのだろう。蠟燭の灯が今まさに消えようとする前、ポッと明るくなるように、おやじは退院前、急に元気になった。

退院の日の午前中は、どしゃ降りだった。ところが、おやじが、いよいよ退院する時刻になると、さっきまでの雨は嘘のようにからりとあがり、青空になった。

おやじは病院の玄関から担架に乗って車に運び込まれ、車が家の前につくと、また担架で運ばれた。あいにく私は、のっぴきならない仕事があって付き添えなかったが、おやじは道中、空を見上げて、

「うわあっ、日本晴れだなあ」

と、嬉しそうに声をあげたと、あとで聞いた。

わが家に、おやじが帰った。赤飯を食べさせたいところだが、そうもいかない。それで、赤飯のおかゆをスプーンで食べさせた。

明日をも知れぬ身になっても、おやじのおしゃれは相変わらずだった。

「等、この頃の眼鏡ってのは、ずいぶん型が変わったな。俺の眼鏡の型は、ちょっと古いようだ。もう少し大き目の眼鏡を買いたいと思うんだけど、どうだ」

と、そう言った。私は、

「ぼくも大き目の眼鏡、作ってみたけど、度が入ってて大きいってのは、物が湾曲して見えたりなんかするから、やめた方が良い」

と、答えた。おやじは納得できない、といった口調で、

「本当か。銭《ぜに》出すのがもったいないからってんで、そう言うんじゃないのか」

と、言った。死を直前にして、おやじは眼鏡にこだわったのだから、レンズがどうあろうが、外界がどう見えようが、そんなことに関係なく、眼鏡を買ってやるべきだった。今となってはどう仕様もないが、そのことが悔やまれてならない。

その頃のおやじは、気弱になっていた。

おやじは、いつも自分の傍に私を置いておきたがった。朝、出かける前に、おやじの部屋に顔を出して、

「おとうさん、仕事に行ってくるからね」

というと、おやじは、

「そんなに急いで行くこたあない。ゆっくりしてけ」

と、いつも言うのである。

「いや、そんなことしてたら遅刻しちまうよ。皆を待たせちゃうことになるから。一人で仕事してるわけじゃないからね」

そうなだめると、おやじは決まって、

「いいんだ。待たしとけ」

晩年の徹誠と等。世田谷の自宅で。

などと、命令口調でいうのだった。

私が外で仕事している間、おやじは家人に、

「等は、まだか。まだ帰らないか」

と、繰り返していった。私が帰って、おやじの部屋のドアを開けるや否や、おやじは、いつも泣き出すのだった。そして、私の手を握って離さないのである。

おやじは、右手が不随になっていた。その不自由な手で私の手を握って離さないくせに、見舞客らが、おやじの手をさすろうものなら、おやじは急に不機嫌な顔つき

になって、

「僕はね、手をさすられるのが大嫌いなんだよ」

などと、いった。なんだか得体のしれないところを、おやじは病床の中まで持ち込んでいた。

おやじが私の手を握り、さめざめと泣きながら、こう言うことがあった。

「等、俺は、あの世に行っても親鸞に合わせる顔がない。俺は恥ずかしい、恥ずかしい」

私は返す言葉に困って黙っていた。この正直な男に、おざなりの激励や慰めを言って何になろうか。いや、利いた風な言葉を吐こうものなら、おやじの顔も口調も一変して、「馬鹿野郎」と怒鳴られかねないと思った。

時折は、こうして気弱なことをいうが、それでも概して、おやじの物の言い方は横暴風、命令調だった。

「おい、外《はず》せえ、外せえ」

と、眠りながら激しく怒鳴り出したことがあった。鼻孔に通している酸素吸入のゴム管を外せといっているのである。私たち家人は、おやじの言いつけに、まず背いたことがない。「外せ」と命令されれば反射的にゴム管に手が伸びそうになる。しかしそれでは、おやじの命脈を断つことになる。私たちは、つらい思いをした。

「ありがとう、楽しい人生だった」

おやじの容態が悪化して、死が間近になった頃だった。カーッ、といびきをかきながら眠っているおやじが急にいびきをやめ、例の命令口調でうわ言をいうことが多くなった。死の前、約十日間、日に何度も、そんなことが続いた。

「おい、皆、そろったか」

うわ言の台詞は、大体、こう決まっていた。初めのうちは「何ですか」などと聞き返していたが、それではおやじの話が途切れてしまうものだから、ある日、私は「ハーイッ、そろいました」と、調子を合わせて答えた。すると、おやじは、

「よーし、出かけるぞ」

と、大声で叫んだ。

「どこへ出かけるの？」

そうたずねたが、おやじは返事をしない。暫く沈黙が続いたあと、不意に、おやじは凜とした声で言うのだった。

「頭から水、ぶっかけられるから、気をつけろお」

私は、そのうわ言を聞いて慟哭《どうこく》したい思いであった。おやじは、弾圧下でメーデーの一隊を引率して今まさに出発しようとしている夢を見ていたのかもしれない。あるいは、あの朝熊闘争の日々を夢の中で思い起こしていたのかもしれない。そのうわ言の語調は「皆さん、おそろいですか」などといったていねいなものではなく、常に戦線の指揮官のように厳しかった。私は、そのうわ言を聞いていて、いかにもおやじらしい夢、おそらくは大層リアルであろう夢の内容を想像していた。

おやじは、死期を悟った。二月十八日深夜、私たち子ども、孫、親類縁者を枕元に集めた。

「ありがとう、ありがとう。おかげで楽しい人生を送らせてもらった」

おやじは、そういって、翌十九日午前一時五十分、死んだ。

私は、その立派な往生ぶりを見て、さすがだと思った。

おやじの葬式は、私の仕事の都合で四、五日、延びた。おやじの遺体は、棺桶にドライアイスを詰め、安置した。

葬式までの幾日か、真浄寺住職の弟子や弟子筋に当たる僧侶が、毎日、お経をあげに来てくれた。

葬式は、わが家で行った。その日、真ん中に真浄寺住職の寺田康順、左右に三人ずつ、合わせて七人の僧侶が並び、お経をあげてくれた。おやじを先輩として敬愛してくれ、そしてその僧の死に対して礼を尽くしてくれた、という風な、立派な葬式だった。

（敬称略）

あとがきにかえて

北畠清泰

はじめに、この本の主人公の生涯を概略記しておきたい。

植木徹之助は、明治二十八年（一八九五年）一月二十一日、伊勢湾沿岸の港、大湊で回船業・材木商を営む「孫六屋」の次男として生まれた。父は和三郎、母はまちである。総勢十一人の子の五番目で、兄一人、姉三人がいた。

大湊は山紫水明の土地である。また、父の和三郎は、その律義で穏やかな性格によって、近郷に知られていた。徹之助は牧歌的な自然環境、家庭環境のなかで幼・少年時代を過ごした。後年の、ひたむきで天衣無縫な性格は、この幼い日々の伸びやかな環境のなかで、はぐくまれたといっていいだろう。

明治四十二年（一九〇九年）、十四歳のとき、徹之助は上京して麴町区内幸町、御木本真珠店の工場に入社した。真珠王、御木本幸吉が母方の親戚筋に当たること、御木本が当時、同郷の子弟のなかで資質豊かな者を慕っていたことから、徹之助の御木本入りが決まったらしい。

当時、御木本の工場には、大正デモクラシーの闊達な気風が横溢していて、そこはまるで新しい思想の坩堝《るつぼ》だった。寮生たちは「寮友会」の仲間同士の議論や読書、演説会出席などを通じてキリスト教、社会主義思想、時には民族主義的な思想や儒教思想にも触れた。とくに寮内で力をもっていたのはキリスト教と社会主義思想だった。

徹之助もまた、この坩堝に投じて身を焦がした。

まず彼は真珠王、御木本幸吉の実弟、斎藤信吉が創設した「東京労働教会」に参加し、受洗した。同時にその頃、友愛会（後の日本労働総同盟）が開設した日本労働学校に第一回生として参加して、安部磯雄、堺利彦らの講義を聞いて影響を受けた。徹之助は寮生たちの中で、最も深く左翼の方に傾斜していった。

大正十二年（一九二三年）の関東大震災のあと、徹之助は実践面に一歩、踏み出すことになった。仲御徒町《なかおかちまち》の自宅を「東京合同労働組合中央支部」の事務局とし、徹之助自身が、この「東京合同」の執行委員をつとめた。また自宅の二階で社会主義についての研究会を開き、講師として渡辺政之輔、山本懸蔵、徳田球一らを招いた。研究会のテキストは、レーニン「国家と革命」「帝国主義論」、エンゲルス「家族・私有財産および国家の起源」などで、現在も健在である研究会仲間によると、研究会の理論水準は相当高度なものであったという。

大震災前には、徹之助は大山郁夫の早稲田大学系「建設者同盟」とも接触し、さらに大杉栄、石川三四郎、辻潤、大泉黒石、伊藤野枝らとも交流した。各地で起こった労働運動への応援、貧窮、緊張と、徹之助の生活は、この頃、極度に張りつめていた。

徹之助が熱烈な親鸞主義者となったのは、昭和初期、こうした過労と栄養失調のすえに病を得て、妻いさほの実家、三重県度会《わたらい》郡小俣《おばた》町、西光寺に身を寄せてからである。徹之助はここで、部落差別の現実を目撃して衝撃を受けるとともに、岳父、小幡徳月住職の影響を受けて親鸞に共鳴し、名古屋の本願寺別院で修行して得度、名を徹《てつ》誠《じょう》と改めた。

昭和五年（一九三〇年）、徹誠は三重県多気郡荻原村栗谷、常念寺の住職となり、同十年（一九三五年）には、全国水平社三重県連の要請を受けて同県度会郡四郷村朝熊《あさま》に転居、三宝寺説教所の住職となった。

同県連が徹誠に朝熊への転居を要請したのは、当時、朝熊に深刻な部落差別問題が存在したからである。

朝熊はもともと、行政区としては一つだった。しかし、地区の中央部を貫流する朝熊川によって南北両地区に区分され、「北」は未解放部落、「南」は一般部落とされてきたのである。

大正十五年（一九二六年）、区有財産の山林を処分する際、「南」が「北」を完全に無視したことから、「北」は差別反対闘争を展開した。だが、地元警察の干渉もあって、「北」は不本意な結末を強いられた。以後、「北」には、この区有財産問題をめぐる憤りがくすぶり続けていた。

同県連が徹誠に期待したのは、この一度は挫折した闘争を再びふるいたたせることであった。そして徹誠は、その期待に背かず、説教所に「差別糾弾闘争委員会」本部を置き、全国的な水平社運動や農民運動とも連携して「朝熊闘争」を勢いよく再燃させた。

親鸞主義者、徹誠がなぜ部落解放の運動に飛び込んでいったのか。その内面的な動機を推測させる資料として、全国水平社の創立者の一人であり、浄土真宗本願寺派の僧でもあった西光万吉《さいこうまんきち》の言葉がある。

西光は、大正十一年（一九二二年）、つまり全国水平社創立の時、こういっている。

「私は（略）今日、水平社の運動を起こさねばならぬ事になったのを恐しく思っている。もし本願寺が親鸞の心を以て差別撤廃に尽していたならば、かかる必要はないのである。部落の若い者は本願寺の為すなきを心から憤り恨んでいる」

また、こうもいった。

「御開山御在世の時から七百年にも近い今日、依然としてこれ（註＝不合理な差別、忌わしいわだかまり）があるということは、御同行御同朋と称する人達が、心から黒衣や浴衣で石を枕に血と涙で御苦労下さった御開山の御同行ではなくて、色衣や金襴の袈裟を着飾って念仏称名を売買する人達の同行であるからではないでしょうか」

全国水平社創立の頃、徹誠はまだ東京にいた。当時、徹誠が全国水平社の創立者たちと交流していたことを語る記録はない。しかし、朝熊時代の徹誠が、この西光の憤懣とまったく同じ憤懣を抱いていたことは間違いない。

ともあれ徹誠を指導者として迎えることで「朝熊闘争」は再燃し、「全国水平社運動の最後を飾る闘争」「三重県における明治以降の三大民衆闘争の一つ」と評されるまでになった。しかし、この闘争も昭和十三年（一九三八年）、にわかに消沈することになったのである。徹誠ら「北」の指導者三十八人が、人民戦線事件に関係があるとして検挙されたからだ。徹誠は過酷な拷問を受け、警察の留置場と未決、既決を通算して三年以上、獄中にあった。

こうして中枢部を奪われた解放闘争は挫折し、徹誠の家族は離散と貧窮に苦しむ羽目に陥った。

戦後、徹誠の日常は変わった。暫くの間は、突然、籠から自由な大気の中に出された鳥のように当惑し、飛び立ちかねていた。しかし、昭和三十年代、ようやく一人の零細企業主として民主商工会の地域活動に参画、その後、日本共産党に入党した。そして昭和五十三年（一九七八年）、徹誠は親鸞への敬慕の情を吐露しつつ死んだ。八十三歳だった。

近年、宗教界の差別意識が問題になっている。

昭和五十四年（一九七九年）、アメリカで開催された世界宗教者平和会議（ＷＣＲＰ）現実問題部会の席上、曹洞宗の宗務総長（当時）が「日本に部落差別はない」と発言して、宗教者の差別の実態についての認識が問われた。また各地の寺で、「旃陀《センダ》羅《ラ》男」「旃陀羅女」「畜男」「革女」「僕男」などの差別戒名を刻んだ墓碑が相次いで発見され、教団のあり方や教義が問われてもいる。昭和五十六年（一九八一年）、日本宗教界の相当部分を網羅する各教団が、宗派の壁を越えて同宗連（同和問題にとりくむ宗教教団連帯会議）を結成したのは、こうした宗教界の差別体質への反省があったからである。

筆者が、部落解放研究所理事長、原田伴彦氏の論文「宗教と部落問題」を読み、初めて植木徹誠の名を知ったのは、差別問題についての宗教者の責任が広く問われているさなかだった。その論文は「朝熊闘争」の経過と徹誠の行動を紹介したあと、「植木……は幼い子供たち（そのひとりがタレント植木等です）をのこして、涙をのんで下獄しました」と、つけ加えていた。

いったい植木徹誠とはどんな僧侶なのだろうと、興味を覚えた筆者は一面識もない植木等氏にインタビューを申し込んだ。その時、膝を交えて聞かせてもらった等氏の話は、筆者を魅了した。

インタビューをもとにして書いた「朝日新聞」のコラムに読者からの反響が、ずいぶん寄せられた。読者は異口同音、「もっと詳しく、この人物のことを知りたい」といった。

徹誠について、これほどの関心が寄せられた理由は、主として二つあると思う。

一つは「人が覚者となるのは、その生まれによってではない。その行為によるのだ」といった仏陀の教訓に、これほど忠実な僧がいたか、という驚きである。久しい間、既成仏教といわれる世界は、残念ながら「平等」の側にではなく、「差別」の側に加担することが多かったのだから、驚きは尚更である。

もう一つの理由は昨今、「ものいえば唇さむし」の雰囲気が世間に漂い始めていることに、敏感にも気づいている人が少なくないからである。こうした時代には、特高の前で「戦争は集団殺人だ」といって、幾度でも検束されていった徹誠のような不屈の魂が敬慕される。

あらためて言うまでもないことだが、人生の途上において、これこそが人間だと思える人間に会うことほど嬉しい時はない。この本をまとめるに当たって幾十人かの人々に会い、膨大な速記録を読み進むうちに、筆者は、そうした嬉しい瞬間を度々、しみじみと味わうことができた。筆者が覚えたと同じ邂逅の喜びを、読者もまた覚えて下さるように、筆者は切実に願っている。

原稿は、等氏の回顧談を軸に、徹誠を知る多くの人々の協力を得て、私が執筆した。ことに、川村善二郎氏には丹念に集められた、しかも正確な資料を提供していただいた。また朝日新聞社出版局の中島真澄さんには、資料収集、インタビューなどで並々ならぬ御助力を願った。ここに深く謝意を表したい。

一九八四年三月

文庫のためのあとがき

昭和五十四年（一九七九年）の第三回世界宗教者平和会議（WCRP）で、曹洞宗の宗務総長（当時）が、「日本の名誉」のために「日本に部落差別はない」と迫り、報告書から差別にかかわるくだりを削除させた。この発言が一つのきっかけとなって、宗教者の差別の実態に対する認識不足、さらには宗教界の差別体質が厳しく問われるようになったことは、すでに知られている。本書の「あとがきにかえて」の中でも、そのことに触れた。

昭和五十九年（一九八四年）夏、私はケニア共和国の首都ナイロビで開かれた第四回WCRPを取材した。キリスト教、仏教、神道、ユダヤ教、イスラム教、ヒンズー教、アフリカ伝統宗教など、六十か国の宗教者五百数十人が大会議場に集まっていた。それぞれの民族衣装や法衣をまとい、それぞれの言葉で、一斉に「人間の尊厳と世界平和」のために祈りを捧げる光景には胸を打つものがあった。

第三回会議の発言は、第四回会議の席上、当の発言者自身によって撤回され、日本の宗教界を久しく震撼させた問題は、ひとまず決着をつけた。

ところが、「人間の尊厳・社会正義および全人的開発」を討議する研究部会の報告書を採択するかどうかという段になって、予期しないことが起こった。WCRP前事務総長が、議席から壇上の議長団に向かって、こう叫んだのだ。

「インドのアンタッチャブル（不可触民）に対する差別は、この会議の最大の問題だ。しかるに研究部会の報告書から、アンタッチャブルの言葉が削除されている。インド代表が削除するよう脅迫したからである」

インド代表もまた、「インドの名誉」のために、差別の実態を覆い隠そうとしたらしいのである。国威を飾ろうとする宗教ナショナリズムは、容易には抜き難い。

こうした民族間、宗派間の反目、確執が、合同会議や研究部会の折々に、幾度か噴出した。ある研究部会では、書記役の若いフィリピン女性が立ち上がって、「こんなに敵意に満ちた言葉を投げあっていたのでは、百年待っても、平和も平等も、われわれの手に入らない」と、憤った。彼女は、日ごろ慈悲や博愛を説いている宗教者たちが互いに憎悪しあっている様子に、ほとんど絶望したのだろう。あるいは、差別感情を隠しながら祈る姿に「偽善」を見たのかもしれない。

目に涙をにじませている女性に共感を覚えながらも、私は「これを偽善というべきだろうか」と、心の中で反問していた。世界の各地から参集してきた宗教者たちは、たぶん、おのが胸中の差別感情に苦しみながら、自らを差別から解放したいと願っているのではないか。偽善というよりは、むしろ健気とたたえるべきではないか。

昭和五十八年（一九八三年）の夏、植木等さんや真澄さんと共に、徹誠の「闘友」、西中六松さんを訪れた日のことを、近頃、しばしば思い出すようになった。老齢のために、平素は床に臥せている六松さんが、あの日は床の上に起き上がり、徹誠の思い出を語った。老闘士の風貌に見とれながら、私は、徹誠の心には百億分の一の差別感情も存在しなかったに違いないと確信した。そうでなければ、差別に苦しみ、差別と対決し続けてきた老闘士の目が、徹誠を語るときに、あれほどキラキラ輝くはずはないからである。WCRPの会議で見た宗教者たちの差別感情、憎悪の情念を思うとき、徹誠の平等観が、いよいよ世上、稀なことと思われてならない。

徹誠の足跡をたどって想像されることは、徹誠もまた、生まれながらにして自らの差別感情から解放されていたわけではなかっただろうということである。彼が、六松さんと肩を抱きあい、「闘友」と呼びかわすことができるようになるまでには、辛く長い実践があった。徹誠は、しっかりした人間だったから実践した、ということは疑いないが、実践したから、しっかりした人間になった、ということも半面の事実なのである。近年、解放運動に献身する人たちの間で、部落解放のためには、制度や財政措置とともに、人間の内面を重視しなければならないという声を聞くことがある。親鸞主義者、徹誠の生涯は、そう考える人々のために示唆を与えてくれると思う。

フィリピンの女性に叱責された宗教者を、私は嘲うことはできない。私も、自身の差別観念から自由になれないでいるからである。ただ、本書を書き終えたあと、私は、いつにない喜びを噛みしめることができた。徹誠の実践には及びもつかないが、私にとって、本書の執筆は、ささやかな「実践」であり、この「実践」に挑んだおかげで、差別観念の皮膜を一枚、わが心から引き剝すことができたように思えたからである。

一九八七年一月　　（きたばたけ・きよやす）

（一九八七年刊の朝日文庫のためのあとがき）

解説　ろくなもんじゃねえ！

栗原康

いま十二月末、忘年会シーズンだ。このかん、わたしは泥酔につぐ泥酔、そしてさらなる泥酔をくりかえしている。いつも意識はあるのだが、気づけば、便所に顔をつっこんで、ゲロゲロとはきまくっている。よっ、不健康。もう、これ以上飲んじゃいけない。でも飲みはじめたら、もう一杯、もう一杯とやめられない。ダメだ、もう一杯。ダメだ、でももう一杯。でもでももと、わかっちゃいるけど、やめられない。で、ふとした拍子に、この一杯で死んでもいいと、そこに永遠でもかんじているかのような、そんな一瞬を手にしているのだ。ウマイ、ウマスギル！　いいもわるいもありゃしない。健康、不健康、どうでもいいね。ダメの底をぬいちまって、狂ったように酒をくらう。そしてまたゲロをはくのだ。スースースーダラタッタ、スラスラスイスイスイ。スースースダラタッタ、スラスラスイスイスイ。わかっちゃいるけど、やめられない。ごくろうさん！

さて、本書は昭和の名優、植木等がお父さんのことをかいた伝記である。お父さん、徹之助は一八九五年、三重県伊勢市にうまれた。十四歳のとき、東京にでて、親戚がやっていた御木本真珠店付属工場ではたらきはじめた。もちろん見習いからだが、指輪や装身具をつくる職人になったのだ。でも、そこで十年くらいはたらいているうちに、ロシア革命があり、米騒動がありで、日本でもカネもちの言うことばかりきいてられねえと、ストライキの波がおこりはじめる。徹之助の工場でも、ストライキがおこってこれに参加。社会主義にひかれて、いろんな勉強会にでる。徹之助自身は知人の影響で、キリスト教をまなび、そこから人間の平等をと考えるようになっていたのだが、なんでも勉強会では、大杉栄や伊藤野枝にも会ったんだそうだ。うらやましい。

そうこうしているうちに、一九二三年九月、関東大震災。このとき、徹之助は社長から、おまえ、商品がぶじかみてこいといわれてブチキレてしまう。オレは命のほうがだいじですからと。それ以来、仕事はなくなって、奥さんの実家、三重県の西光寺をたよった。真宗大谷派のお寺だ。ここで親鸞のおしえをまなんだら、そのラジカルな平等主義に感動してしまって、すげえよ、これ社会主義じゃんとおもう。で、坊主になって、昼はお経をとなえ、夜は近所の人たちに社会主義を説法してまわるようになった。仏教社会主義者だ。なむあみだぶつ、アーメン！

一九三五年には、三重県伊勢市朝熊町の三宝寺にうつる。ここでとりくんだのが部落解放運動だ。この地域にはあきらかに差別があって、たとえば被差別部落の人たちには、区所有の山林をつかうことがみとめられていなかった。これはでかい。だって農業がうまくいかなくたって、山さえあればなんとか食えたりするのだから。もちろん、みんなシレっとつかっていたのだが、昭和にはいって、行政の管理統制がきびしくなる。徹之助はこりゃおかしいぞといって、村人たちをまとめあげ、でかい抗議運動をやった。でも、これでタイホ。その後も、タイホにつぐタイホで、さいごは治安維持法でパクられた。運動は壊滅。ながらく家にもどれない。たまに出所しても、寺にやってきた若者たちに、うおお、戦争は集団殺人じゃあ！ってアジって、またタイホ。てっちゃん、カッコイイ！

そのかわり、息子の等はたいへんだ。アカといわれてイジメにあう。それならいっそと東京のお寺に修行にだされ、勉学にはげんで東洋大学に進学した。やがて敗戦をむかえ、芸能界にうってでる。さいしょ、芸能界入りに反対していた徹之助だったが、おもしろいのは、等に「スーダラ節」のはなしがきたときのことだ。このうたは、ヘイヘイ、酒だ、バクチだ、女だよって歌詞なので、等は、こんなフシダラなことをうたっていいのかとまよい、父、徹之助に相談をした。すると、徹之助はこういったとどこがだという。すばらしい、これは親鸞のおしえにつうじるものがあると。うん？　どこがだよってたずねると、「わかっちゃいるけど、やめられない」のとこだという。これで等は心をきめて、「スーダラ節」をうたった。トップスター、植木等の誕生だ。

とまあ、そんな本なのだが、さいごにちょっと考えておきたいのは、じゃあ「わかっちゃいるけど、やめられない」ってのが、どう親鸞とつながっていたのかってことだ。これ、わたしは悪人正機ってことなんだとおもう。さいしょにいった酒のはなしとおなじで、それはダメだ、悪だっていわれていることにひらきなおって、それこそ悪の底の底をぬいちまって、もうなにが善悪の垣根かわからなくなるまでいってしまえということだ。おまえらは被差別部落だから山はつかうな、それは悪いことなんだといわれていても、でも山はつかいたい、というか、それオレたちの生活の一部だからといってたたかって、つかうな、でもつかいたい、つかうな、でもつかいたい、つかうな、でも、ああっ、つかっちまった、こりゃサイコーだぜ、ヤメラレナイ、トマラナイ、ヤメラレナイ、トマラナイ。アァッ、アァッと、そうやりあっているうちに、ふとしたはずみでポーンッと善悪の垣根がはじけとんでしまう。もしかしたら、ちょくちょく闇にまぎれて、山を勝手につかうようになるかもしれないし、パクられてもおかまいなしの行動にうってでるかもしれない。法も秩序も関係ないね。そもそも、ひとに垣根をもうけるこの社会がクソなんだと。

たぶん徹之助は、村のひとたちとはなしながら、そういう底をぬいたひとの苦しみ、悲しみみたいなものにふれていたんじゃないかとおもう。だからこそ、徹之助もまたヤラれてもヤラれても、戦争は集団殺人じゃあっていって、アジるようになったのだ。もうこの世の善悪なんてふりきっちまって、差別も区別も垣根もない。徹頭徹尾、平等主義でいくぞと。あばよ、アーメン、なむあみだぶつ。等、等、等、されど等だ。スースースダラタッタ、スラスラスイスイスイ。スースースダラタッタ、スラスラスイスイスイ。酒！　酒！　バクチ！　バクチ！　女！　女！　わかっちゃいるけど、やめられない。ろくなもんじゃねえ！

本書は、一九八四年に朝日新聞社より刊行されました。その後、一九八七年二月、朝日文庫（朝日新聞社）に収録されました。

ちくま文庫

夢《ゆめ》を食《く》いつづけた男《おとこ》
おやじ徹誠《てつじょう》一代記《いちだいき》

二〇一八年二月 十 日 第一刷発行
二〇二〇年十二月二十五日 第二刷発行

著 者 植木等（うえき・ひとし）
構 成 北畠清泰（きたばたけ・きよやす）
発行者 喜入冬子
発行所 株式会社 筑摩書房
東京都台東区蔵前二―五―三 〒一一一―八七五五
電話番号 〇三―五六八七―二六〇一（代表）
装幀者 安野光雅
印刷所 株式会社精興社
製本所 株式会社積信堂

ISBN978-4-480-43499-9 C0123